레벨업 100

공인중개사 × 행정사

레벨업 100

최유경 지음

두드림미디어

계약서 한 장이
사람의 인생을 바꾼다

2014년, 저는 여성복 프리랜서 패션 디자이너였습니다. 아침에는 원단 시장에 다녀오고, 낮에는 디자인 작업을 했으며, 저녁에는 그날의 옷이 잘 나오는지 공장에 확인했습니다. 그리고 퇴근 후에는 어떤 신상품이 잘 팔리는지 시장을 돌아보며 매일같이 바쁜 나날을 보냈습니다.

항상 동대문과 원단 시장, 공장을 오가다 보니 문득 이런 생각이 들었습니다.

'도매 시장 근처에 내 집이 있으면 얼마나 편할까?'

부동산에 대해 아무것도 모르던 저는 동묘앞역 인근 부동산 공인중개사 사무소에 들어가 쓰리룸 빌라를 보고 싶다고 천진난만하게 말했습니다.

동묘역 인근의 부동산 공인중개사 사무소 사장님은 정말 친절하셨어요. "우리 딸 나이랑 같아서 너무 좋아요. 좋은 집 꼭 구해드릴

게요"라고 말씀하시는 엄마뻘 사장님과 팔짱까지 끼며 인근 빌라를 보러 다녔어요.

자기만 믿으면 된다며, "딸 같으니 좋은 집 구해드릴게요"라는 말에 저는 완전히 방심했고, 겨우 빌라 세 채만 보고 바로 계약을 결정했습니다. 저는 동묘 주변 빌라 시세를 확인할 생각조차 하지 않았습니다.

결과는 참담했어요. 같은 지역 다른 부동산 공인중개사 사무소 매물보다 3,000만 원이나 비싼 가격에 산꼭대기 빌라를 속아서 샀고, 수고비를 원하는 사장님에게 법정 중개수수료의 두 배를 지불했습니다.

제 인생 첫 집은 입주하고 얼마 되지 않아 천장에서 누수가 생겼는데, 저는 그 당시 '매도인의 하자담보책임'이라는 제도가 있다는 사실조차 몰랐습니다. 부동산 공인중개사 사무소 사장님도 어쩔 수 없다는 이야기만 하셨죠. 나중에 알아보니 매도인이 누수를 숨기고 악의적으로 매매했으면 매도인이 책임져야 하는 법정 제도가 있었지만, 아무도 그 이야기를 해주지 않았어요.

그 순간, 저는 뼈저리게 깨달았습니다.

'아, 내가 부동산을 제대로 몰라서 당했구나.'

2015년 1월, 종로의 공인중개사 학원에 등록했습니다. 그리고 4월부터는 디자인 일을 접고 공부에만 몰두했습니다. 매일 학원 맨 앞자리에 앉아 수업을 듣고, 수업이 끝나면 도서관으로 향했습니다. 그렇게, 밤늦게까지 공부를 이어갔습니다.

하루는 민법 수업 중에 코피가 터졌는데도 자리를 뜨지 않았어요. 교탁 맨 앞자리에 앉아 있는데 그 당시 온라인 강의 촬영 중이라 일어나서 교실 밖으로 나갈 수 없었습니다. 저는 코피가 터지도록 이를 악물고 공부했고, 그해 동차 합격했습니다.

그리고 그해 말, 저는 홍대 근처 부동산 공인중개사 사무소에서 바로 일을 시작했습니다. 계속해서 공인중개사 일을 하다가 지금은 중개법인을 운영하고 있고, 마포구 최초의 공인중개사 중개법인 대표 겸 행정사가 되었습니다.

이제는 단순한 부동산 중개를 넘어 HACCP, 인허가, 비영리법인 설립, 비자 등 다양한 행정 업무까지 돕고 있습니다. 오늘의 제가 이 책을 쓰는 이유는 저처럼 '몰라서' 부동산으로 손해를 입는 사람이 더 이상 없었으면 하는 마음, 그리고 살아가면서 알면 큰 도움이 되는 행정사라는 자격과 그 역할을 더 많은 사람들이 알게 되기를 바라는 마음 때문입니다.

혹시 이 책을 공인중개사나 행정사 자격증을 준비하는 분들이 읽게 된다면, 포기하지 않고 공부해서 시험에 합격한 뒤, 정직하게 일하는 전문가로 성장하는 데 작은 힘이 되었으면 합니다. 공인중개사와 행정사로서 각자의 전문 영역에서 신뢰받는 전문가로 자리 잡기를 진심으로 응원합니다.

저는 언제나 모든 계약을 하기에 앞서 '이 계약이, 이 설명이 한 사람의 삶에 오래도록 남을 텐데… 나는 진심을 다했는가?' 하는 질문을 항상 마음에 새기며 일하고 있습니다. 여러분도 이 책을 통해, 전문가로서의 마음가짐을 함께 키워가시길 바랍니다.

최유경

01

왜 공인중개사 공부를 시작해야 하는가

내 인생을 바꾸는
자격증

공인중개사 공부, 왜 하면 좋을까?

"부자가 되려면 부동산 공인중개사 사무소에 가서 커피를 마시고 자주 부동산 공인중개사 사무소에 들러야 해요"라고 어느 투자 고수가 말했다. 처음 TV에서 봤을 때는 대수롭지 않게 생각했지만, 부동산 일을 시작하고 나니 그 말이 진짜라는 것을 알게 되었다. 실제로 좋은 매물, 가격 좋은 급매물은 부동산 공인중개사 사무소에서 커피를 마시며 자주 들리는 사람에게 먼저 전화가 간다.

공인중개사로 일하다 보면 정말 가격이 좋은 급매물이 심심찮게 나온다. 시세보다 수천만 원 저렴한, 누구나 사고 싶어 하는 일명 '레어템' 같은 매물이다. 하지만 이런 매물은 절대 인터넷에 올라오지 않는다. 보통 그런 매물은 공인중개사인 내가 사고 싶을 만큼 매력적이지만, 여유 자금이 없거나 자신이 직접 사기 어려운 상황이면 어떻게 할까?

그때 공인중개사들이 가장 먼저 떠올리는 사람은 따로 있다. 자주 연락하고, 일주일에 한두 번씩 얼굴을 비추던 고객이다. 꾸준히 관심을 보이고 나에게 믿음을 주었던 사람 말이다. 아무리 좋은 매물이라도 공인중개사가 소개해주지 않으면 살 수 없다. 가격 좋은 급매물처럼 빠르게 결정을 내려야 하는 경우, 평소에 신뢰가 쌓인 고객이 떠오르면 그 사람에게 전화를 건다. 그래서 부동산 공인중개사 사무소에 자주 방문하거나 전화를 거는 사람, 공인중개사와 친한 사람에게 좋은 기회가 가는 것이다. 부동산을 공부하면 이처럼 좋은 정보를 먼저 공짜로 알 수도 있지만, 일반인과 비교해 부동산에 대한 시야와 부동산 시장을 보는 눈, 나아가 돈을 모으고 인생을 계획하는 방식이 달라진다. 내 돈을 지키는 데도, 좋은 기회를 잡는 데도 부동산 공인중개사 공부는 큰 도움이 된다.

공인중개사 시험은 1차 과목으로 민법과 부동산학개론이, 2차 과목으로는 공법, 중개사법, 세법, 공시법이 있다. 이 중 특히 2차 과목인 공법과 세법은 집이나 토지를 살 때 반드시 알아야 할 기본적인 중요한 지식을 다룬다. 용도지역, 건폐율, 종합부동산세, 양도소득세 등 실생활에 직접 적용되는 내용이 많다. 이 두 과목만 제대로 공부해도 어떤 부동산 매물을 잡아야 하고, 세금이 얼마나 나오는지를 판단할 수 있다. 물론 경매까지 공부하면 더 좋다. 경매는 법률적 사고를 훈련하게 해주고, 수익형 부동산에 대한 안목도 키워준다.

사실 나도 부동산에 대해 아무것도 모를 때 덜컥 첫 집을 샀다가 큰 손해를 본 적이 있다. 지금 돌이켜보면 '어떻게 그 가격에 샀을까?' 싶은 빌라였다. 나는 동대문에서 옷을 만들던 디자이너였고, 시장과 집이 가까우면 좋겠다는 단순한 생각으로 집을 구했다. 동묘앞역 근처 부동산 공인중개사 사무소에 들어갔고, 친절한 사장님의 말에 홀딱 넘어가 단 세 채만 보고 바로 계약했다.

결과는 참담했다. 같은 빌라인데 다른 부동산 매물보다 무려 3,000만원이나 비쌌고, 아무것도 모르고 달라는 대로 중개수수료도 법정 기준의 두 배를 냈다. 입주하자마자 천장에서 물이 새고, 벽에는 곰팡이가 피었다. 나중에야 '매도인의 하자담보책임'이라는 제도가 있다는 것을 알았지만, 당시에는 누구도 나에게 알려주지 않았다.

그때 나는 뼈저리게 느꼈다. '부동산을 잘 몰라서 이렇게 크게 당하는구나' 하고 깨달았지만, 이미 3,000만 원의 금전적인 손해가 생긴 후였다. 나는 그때부터 일과 병행하며 분노에 휩싸여 이를 악물고 공인중개사 공부를 시작했다. 공인중개사 자격증은 '국민 자격증'이라고 불릴 만큼 인기가 많았다. 현재는 과거형이지만 몇 년 전까지만 해도 시험장에 사람이 너무 많아 자리가 부족할 정도였고, 주위에 공인중개사 공부를 하는 사람들도 굉장히 많았다. 그러나 요즘은 부동산 공인중개사 사무소 폐업률이 높아지면서 다소 분위기가 가라앉은 것은 사실이다. 작년에는 추가 접수도 받았다고 한다.

공인중개사 시험의 인기는 많이 시들었지만, 나는 공인중개사 공부만큼은 살아가면서 꼭 해보라고 말하고 싶다. 자격증을 딴다고 모두 개업해서 성공하는 것은 아니다. 하지만 공부해두면 나의 소중한 재산을 지키고, 좋은 부동산을 고를 수 있는 안목이 생긴다. 주변 사

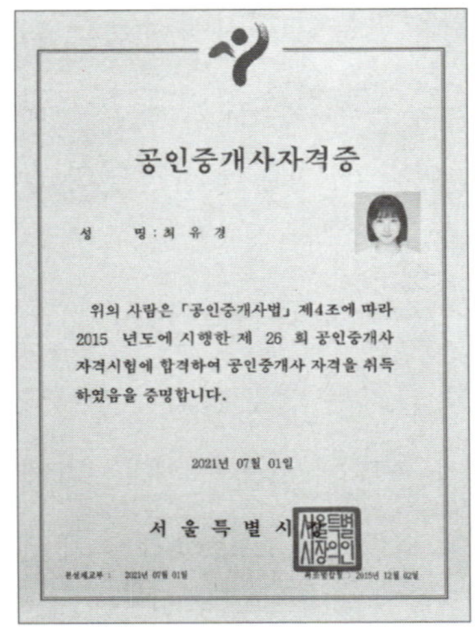

람의 부동산 고민에 정확한 조언을 해줄 수 있고, 심지어 또 다른 커리어로 전환할 수 있는 기회도 생긴다.

공인중개사 자격증은 내 부동산 자산을 불려줄 수 있는 공부다.

누군가는 그것으로 공인중개사 사무실을 열어 제2의 인생을 살고, 누군가는 부동산 지식을 투자 수단으로 삼는다. 나에게 공인중개사 자격증은 3,000만 원짜리 손해에서 시작했지만, 지금은 여성복 디자이너에서 중개법인 대표로 만들어준 내 인생의 소중한 실수이자 내 인생을 바꾼 기회가 되었다. 지금의 나를 만든 '첫 발판'인 것이다. 그리고 그 자격증 덕분에 내 부동산 자산을 지키고, 누군가가 나와 같은 피해를 보지 않게 도움을 줄 수 있는 사람이 되었다.

그렇게, 공인중개사 합격이 내 인생의 지도를 다시 그렸다.

나이·학벌·전공이 상관없는 공인중개사

많은 사람들이 자격증을 준비할 때 가장 먼저 떠올리는 생각과 걱정은 비슷하다.

'나이가 많은데, 어려운 공인중개사 공부를 할 수 있을까?'
'지금 직장에 다니고 있는데 공부할 시간이 있을까?'
'법은 하나도 모르는데 시작해도 괜찮을까?'

공부를 시작하기도 전에 이런 걱정을 하는 사람이 많다. 그러나 단언컨대, 공인중개사 시험은 나이·학벌·전공과 전혀 상관이 없다. 이러한 제한이 없다는 점이 이 시험의 가장 큰 장점이다. 합격 인원이 정해져 있지 않아 상대평가가 아닌 절대평가이며, '누가 더 똑똑한가'를 가리는 시험이 아니라 '누가 끝까지 포기하지 않고 평균 60점을 넘기느냐'를 묻는 시험이다.

합격자들의 연령대는 매우 다양하다. 고졸 학력자, 전업주부, 직장인, 자영업자 등 누구나 합격할 수 있다.

공인중개사 시험의 1차 과목은 민법과 부동산학개론이다. 처음에는 어렵게 느껴질 수 있지만, 알고 나면 살아가면서 실질적인 도움이 되는 내용이 많다. 특히 부동산학개론은 학창 시절 배웠던 내용이나 일상 속에서 자연스럽게 접한 개념들이 시험에 등장하기도 한다. 전공과 무관하게 누구나 공부를 시작할 수 있는 이유다.

합격의 비밀은 단 하나, '꾸준함'이다. 합격자들의 공통점 역시 꾸준함이다. 하루 1시간이라도 포기하지 않고 공부한 사람이 결국 합격한다. 각자의 조건은 모두 다르지만, 결과는 같다. 단순한 반복과 충분한 시간 투자, 그것이 합격의 핵심이다.

많은 사람들이 시험 준비 도중 포기하는 이유는 '내가 못한다'라는 생각 때문이다. 그러나 대부분의 경우, 못한 것이 아니라 끝까지 하지 않았을 뿐이다. 공인중개사 시험은 만점을 요구하는 시험이 아니다. 과목별로 60점만 넘기면 합격한다. 한 과목에서 모르는 문제가 10개가 나오더라도, 다른 과목에서 점수를 확보하면 충분히 합격할 수 있다. 그래서 이 시험은 누구에게나 열려 있다.

직장인·자영업자의
인생을 바꾼다

대한민국의 수많은 직장인과 자영업자로 살아가며 공통으로 느끼는 삶의 불안이 있다.

'퇴직 후에 뭐 하지?'
'이 가게를 접으면 앞으로 뭘 해서 먹고살지?'

계속 어려워지는 경기 속에서 직장인은 회사가 갑작스럽게 구조조정을 하지 않을까 하는 두려움을 안고 산다. 정년퇴직 이후에는 소득이 한순간에 끊기는 현실과 마주하게 된다. 평생을 회사에 바쳤어도 퇴직 후에는 할 일이 없다는 사실이 더 큰 불안으로 다가온다.

자영업자 또한 IMF 때보다 어렵다는 경기 속에서 하루하루를 버티듯 살아가고 있다. 경기 불황이나 상권 변화 하나만으로도 매출은 급감하고, 높은 임대료와 경쟁업체와의 소모전은 몸과 마음을 모두

지치게 한다. 가게 문을 여는 매 순간마다 '내일은 어떨까?' 하는 불안이 마음 깊숙이 자리한다.

공인중개사 자격증은 이러한 불안을 안고 있다면 공부해볼 만한 매우 매력적인 시험이다. 퇴직 이후에도, 가게를 정리한 이후에도 '새롭게 시작할 수 있는 제2의 길'을 만들어주기 때문이다.

사람이라면 누구나 새로운 직업을 선택해야 하는 순간을 맞이한다. 직장인이라면 언젠가는 퇴사해야 하고, 회사에서 아무리 중요한 직책을 맡았더라도 점점 짧아지는 정년 앞에서 정든 일터를 떠나게 된다. 은퇴 후의 삶은 길어졌고, 우리는 최소 20~30년의 '두 번째 인생'을 살아가야 한다.

공인중개사 자격증은 이 시기에 가장 확실한 무기가 된다. 퇴직 후에도 개업을 통해 꾸준히 일할 수 있고, 그동안 쌓은 경험을 바탕으로 투자 상담, 상가 임대, 빌딩 관리 업무, 나아가 경매까지 영역을 넓힐 수 있다. '나이 제한이 없는 직업'이기에 70세, 80세가 되어도 현장에서 활동하는 사례가 적지 않다. 퇴직은 끝이 아니라 새로운 시작이 된다.

실제로 내가 있는 곳 인근에는 공무원을 퇴직한 뒤 공인중개사 사무소를 인수해 개업하신 분이 계신다. 꾸준히 블로그를 운영하고 부동산 광고를 하며, 연륜에서 오는 신뢰 덕분에 건물주들의 매물 접수도 끊이지 않는다. 그분의 사무실은 언제나 불이 환하게 켜져 있고, "공무원 생활보다 지금이 더 재미있다"라고 이야기하신다.

자영업자의 불안에 대안이 된다

수년간 열심히 일하며 매장을 지켜왔지만, 경기 침체로 결국 폐업에 이르는 경우를 종종 본다. 특히 요즘처럼 경기가 어려운 때에는 더욱 그렇다. 하지만 공인중개사 자격증을 갖게 되면 이야기가 달라진다. 상권을 바라보는 눈이 생기기 때문이다. 자영업에서 실패하며 겪은 쓰라린 경험은 중개 업무에서 오히려 훌륭한 자산이 된다. 가게를 직접 운영해본 경험은 상가를 찾는 고객을 상담할 때 강력한 무기가 되고, 상권에 대한 감각은 공인중개사로서의 경쟁력이 된다. 자영업의 실패는 인생의 실패가 아니라, 공인중개사로 다시 일어설 수 있는 희망의 자산이 되는 것이다.

물론 공인중개사가 만능은 아니며, 부동산 사무실 역시 폐업률이 높은 업종이다. 하지만 내가 11년 넘게 몸담아온 중개 서비스업은 계약이 당장 성사되지 않더라도 재고 부담이 없는 사업이다. 패션, 물류, 요식업처럼 창고에 물건이 쌓이지 않기 때문에 손실 위험이 상대적으로 적다. 결국 중요한 것은 '얼마나 꾸준히 움직이며 발품을 파느냐'다. 근무시간에 쉬지 않고 매물을 보고, 광고하고, 손님을 만나는 공인중개사에게는 반드시 그에 따른 수입이 따른다.

내가 아는 한 공인중개사는 공유오피스에 사무실만 등록해두고 경매 업무만 한다. 본인이 좋아서 경매만 하며 전국을 누비고, 괜찮은 물건은 직접 낙찰받는다. 또 좋은 매물은 블로그를 통해 경매 광고를 하고 손님을 받는다. 이런 방식으로 수익을 내는 경우도 있다.

많은 사람들이 현재의 일에 만족하지 못하면서도 새로운 업종으로의 전환을 두려워한다. "지금까지 해온 게 아까워서", "새로운 분야는 잘 모르겠어서"라며 망설인다. 하지만 공인중개사는 다르다. 어떤 공부를 했든, 어떤 일을 하다 왔든 상관없다. 오히려 다양한 업종 경험이 자산이 된다. 요식업을 했다면 상가 임대에 강해지고, 중고차나 휴대폰 판매 경험이 있다면 고객 응대에서 강점을 지닌다.

중요한 것은 단 하나, 공인중개사 공부를 시작하겠다는 본인의 선택이다.

이 책을 읽는 지금, 이 순간에도 당신은 두 갈래 길 앞에 서 있다. 하나는 불안 속에서 하루하루를 버티며 미래를 걱정하는 길이고, 다른 하나는 공인중개사 자격증을 준비하며 제2의 인생을 설계하는 길이다.

합격증을 손에 쥐는 순간, 당신의 인생은 '불안에서 희망으로' 방향을 틀게 될 것이다. 지금 공부를 시작한다면 1년 후의 당신은 완전히 다른 사람이 되어 있을 것이다. 그리고 이렇게 말하게 될 것이다.

"공인중개사 자격증이 내 인생을 바꾸었다. 이제는 미래가 두렵지 않다."

소속 공인중개사와
중개보조원의 차이

부동산 현장에서 보게 되는 사람은 크게 두 부류다. 자격증을 가진 소속 공인중개사와 자격증 없이 일하는 중개보조원이다. 몇 년 전부터 전세사기가 잇따르면서 고객들은 종종 자격증 유무를 묻는다. 브이월드(www.vworld.kr)에서는 나를 안내하는 사람이 공인중개사인지, 중개보조원인지까지 검색할 수 있다.

그만큼 중개보조원의 입지는 점점 좁아지고 있는 것이 현실이다. 공인중개사협회에서 나오는 공약은 언제나 '무자격자 타파'다. 중개보조원은 법적으로 안내 업무만 가능하다. 매물 안내와 현장 동행, 손님 응대, 전화 응대가 전부다. 법적인 부동산 설명이나 계약 조건 협상은 할 수 없다.

처음에는 '일하면서 배우면 되지 않을까?'라는 생각으로 중개보조원 일을 시작하는 경우가 많다. 그것도 나쁘지는 않다. 하지만 시간이 지날수록 중개보조원의 한계를 체감하게 된다. 실제로 내 부동산 공인중개사 사무소에 들어오자마자 자격증 유무를 묻고, 공인중개사에게만 매물 안내를 받겠다고 하는 손님도 있었다.

최근 전세사기 사건이 연이어 터지면서 사회적으로 공인중개사에 대한 신뢰 문제가 크게 대두되었다. 정부는 부동산 거래의 투명성을 높이기 위해 규제를 더욱 강화하고 있고, 고객들 역시 예전보다 계약에 훨씬 꼼꼼해졌다.

내가 아는 한 부동산 공인중개사 사무소 팀장님은 중개보조원으로 몇 년간 일하다가, 2년에 걸쳐 1차와 2차 시험에 합격했다. 사실 소속 공인중개사와 중개보조원이 가져가는 인센티브 비율은 같다. 그럼에도 불구하고 쉬는 시간을 쪼개가며 공인중개사 공부를 한 이유를 들으니 단번에 이해가 갔다.

자격증이 없는 중개보조원이라는 이유로 계약률이 떨어지고, 손님들이 계속 자격증 유무를 묻다 보니 '이제는 더 이상 미루면 안 되겠다'라는 결심이 섰다는 것이다. 요즘처럼 불안한 부동산 시장에서는 자격증이 곧 신뢰다.

'나는 국가가 인정한 자격을 가진 전문가다'라는 타이틀은, 큰 계약을 앞두고 불안해하는 고객의 마음을 안정시키는 힘이 된다.

또 자격증을 취득한 뒤 현장에 들어가면, 공부했던 내용이 실무와 자연스럽게 연결된다. 민법 시간에 배운 계약 해제 사유가 실제 중개 상황에서 등장하고, 공법에서 외웠던 용적률·건폐율이 매매 상담에 그대로 적용된다. 책에서 배운 이론이 현장에서 살아 움직이는 순간, 부동산 업무에 대한 이해도는 완전히 달라진다. 업무 적응 속도도 빨라지고, 고객 상담 역시 훨씬 수월해진다.

첫 단추의 차이가 부동산의 경험을 바꾼다. 많은 사람들이 "일단 중개보조원으로 경험을 쌓고, 나중에 자격증을 따겠다"라고 말한다. 하지만 요즘 부동산 시장의 흐름을 보면 무자격자에 대한 신뢰는 바닥에 가깝고, 손님들은 분명한 자격증 소지자를 원하고 있다. 지금 이 순간에도 부동산 공인중개사 사무소에서 중개보조원으로 일하며 한계를 느끼는 사람들은 뒤늦게라도 공부를 시작하고 있다. 더 늦기 전에, 당신도 시작해야 한다.

그렇게 결심하고 꾸준히 나아간다면 1년 후 당신은 자격증을 손에 쥐고 당당하게 말할 수 있을 것이다.

"이제 나는 진짜 부동산 전문가다!"

자격증 취득 후
열리는 기회

공인중개사 자격증을 취득한 뒤, 나는 곧바로 홍대에 있는 부동산 공인중개사 사무소에 소속 공인중개사로 취업했다. 패션을 전공해 취업 후 관련 업계에서 일을 하던 나는, 패션 디자이너의 길에서 공인중개사라는 직업으로 인생의 방향을 바꾸었다. 내가 바라보는 공인중개사 자격증은 단순한 자격이 아니라, 인생의 선택지를 넓혀주는 도구다. 이 자격증이 만들어주는 기회는 생각보다 훨씬 많다. 그중에서도, 내가 직접 경험하며 느낀 핵심적인 네 가지를 정리해보고자 한다.

첫째, 평생 가져가는 직업 자산이다.

공인중개사는 정년이 없다. 경력이 오랫동안 단절되었어도 시작할 수 있다.

현재 공인중개사는 AI가 대체할 수 없다. 그렇기에 몸이 허락하는 한 계속 일할 수 있다. 어려운 부동산 경기에도 '자산을 지켜줄 전문가가 필요하다'라는 인식이 있는 한 수요는 사라지지 않는다. 부동산 전문성을 기반으로 평생 일할 수 있는 직업이다.

둘째, 일반인보다 뛰어난 부동산 투자 안목을 가질 수 있다.

공법·세법을 공부하다 보면 자연스럽게 부동산 투자에 대한 눈이 이전과는 확연히 달라진다. 용적률·건폐율을 이해하면 개발 가능성이 보이고, 취득세·양도소득세를 공부하면 어떻게 사고팔아야 할지 절세를 할 수 있는 능력이 생긴다.

더 중요한 것은 경매 대행 권한이다. 현재 경매 대행은 개업 공인중개사와 변호사만 가능하다. 일반인은 본인 명의로만 참여할 수 있지만, 공인중개사는 타인을 대신해 경매에 참여할 수 있다. 자기 자본이 있다면 엄청난 사업 기회다. 실제로 경매 전문 공인중개사들은 월 수천만 원을 벌기도 한다. 공부하면서 얻은 법률 지식이 고소득으로 직결되는 대표적인 사례다.

셋째, 공부가 실무로 연결된다.

민법에서 배운 계약 해제·손해배상, 공법에서 다룬 용적률·건폐율, 중개실무 등을 일을 하며 적용할 수 있다. 공인중개사 실무에서 가장 자주 등장하는 상황 중 하나가 바로 계약 해제다. 고객이 계약 전 "이 계약이 파기되면 어떻게 되나요?"라고 묻는 경우도 많다. 이런 질문에 자격증 취득자는 명확하게 대응할 수 있다. 그래서 첫 출근부터 업무 습득 속도가 다르다. 헤매는 시간과 실수가 현저히 줄어든다.

넷째, 일의 판을 넓히는 확장성을 가지고 있다.

나는 공인중개사를 11년째 하고 있지만 주택 중개는 하지 않는다. 공인중개사라고 하면 보통 아파트를 떠올리지만, 실제 업무는 주거 매매나 전월세에만 국한되지 않는다. 상가 임대차, 사무실, 꼬마빌딩 매입, 토지 활용, 경매 컨설팅 등으로 업무 영역은 얼마든지 확장될 수 있다.

같은 하루를 일해도 만나는 고객층이 달라지면 결과는 완전히 달라진다. '자격증을 가진 사람'에게 더 좋은 기회가 찾아온다. 공인중개사 자격증의 가치는 바로 입증되고, 부동산 투자 안목, 확장성 등 넓은 부동산에 대한 시야가 트인다.

시작을 미루는 한, 당신에게는 아무 일도 일어나지 않는다. 오늘부터 책상에 앉아 펜을 잡으면, 내년 이맘때는 분명 달라지지 않겠는가?

필요한 것은 재능이 아니라 결심과 꾸준함이다. 나이는 숫자일 뿐이고, 전공은 과거이며, 학벌은 전혀 중요하지 않다. 공인중개사 자격증은 불안했던 나에게 용기와 희망을 주었고, 새로운 기회를 만들어주었다.

아파트, 빌딩, 토지,
어떤 것을 할 것인가

(출처 : 날개 부동산 홈페이지)

나는 11년간 공인중개사 일을 하며 주택 중개는 3개월 정도만 경험했고, 그 이후로는 줄곧 사무실과 빌딩을 전문으로 해왔다. 지금도 나에게 가장 어려운 분야는 여전히 주택이다.

주택 중개

주택은 초보 공인중개사들이 가장 먼저 발을 들이는 영역이다. 아파트, 오피스텔, 빌라, 단독주택까지 종류도 다양하다.

주택 중개의 가장 큰 장점은 계약 거래량이 많다는 것이다. 삶의 변화가 있는 곳에는 언제나 사람들의 이사가 있다. 그만큼 부동산 거래가 꾸준히 발생하기 때문에, 신규 중개사가 진입하기에도 비교적 수월한 것이 주택 시장이다.

하지만 장점 뒤에는 큰 단점도 있다. 진입하기 쉬운 만큼 경쟁 또한 치열하다는 것이다. 주위에 아파트 단지만 봐도 1층 상가에는 부동산 공인중개사 사무소가 줄지어 있다. 특별한 부동산 차별화가 쉽지 않다. 특히 빌라는 수수료가 상대적으로 낮아 원·투룸 전문 공인중개사들은 꾸준하게 계약이 이어져야 수입이 안정될 수 있다. 주택을 전문으로 한다는 것은 결국 동네 주민들의 신뢰를 얻고, 입소문을 통해 고객을 쌓아가는 일이다. 사람을 좋아하고 친화력이 있으며, 서비스 마인드가 강한 사람에게 잘 맞는 분야다.

빌딩 중개

내가 가장 전문적으로 계속하고 싶은 것은 빌딩 중개다. 빌딩은 공인중개사 세계에서는 일종의 로망이다. 규모가 큰 만큼 한 건만 성사시켜도 수수료가 억 단위로 들어오기 때문이다. 그래서 많은 공인중개사들이 언젠가 빌딩 중개에 도전하고 싶어 한다.

하지만 빌딩은 정말 쉬운 시장이 아니다. 그 이유는 다음과 같다.

첫째, 거래 건수가 많지 않다. 주택처럼 매일같이 계약이 일어나지 않는다. 어떤 중개사는 1년에 1건 계약을 성사시키는 게 전부일수도 있다. 그만큼 계약 성사까지 긴 시간이 걸리고, 성사 과정이 오래 걸려 1년을 버티지 못하고 그만두는 공인중개사들이 많다.

둘째, 책임 범위가 넓다. 빌딩 매매는 수십억 원에서 수백억 원이 오가는 거래다. 작은 실수 하나가 큰 손실로 이어질 수 있다. 따라서 법률, 세무, 건축, 금융까지 두루 아는 종합 컨설턴트가 되어야 하고, 각 전문가와 협업해야 한다.

그렇다고 공인중개사 일을 하기도 전부터 겁낼 필요는 없다. 빌딩 중개는 경험이 쌓일수록 더 유리하다. 주택 중개로 고객층을 두껍게 만들고, 점차 상가나 꼬마빌딩으로 영역을 확장해나가는 것이 좋을 수도 있다. '나는 장기적으로 큰 그림을 그리고 싶다. 몇 건 못 해도 건당 성과가 큰 시장이 나에게 맞다'라고 생각하는 사람이라면, 1년 이상은 일을 배운다고 생각하고 빌딩 중개에 도전해볼 가치가 있다.

토지 중개

나는 실제로 토지 거래를 해본 적은 없다. 홍대 일대에는 나대지가 거의 없고, 매물이 들어와도 대부분 지방에 있는 경우가 많기 때문이다. 토지는 매력적이면서도 가장 위험한 영역이다. 토지는 건물과 달리 눈에 보이는 기준이 없다. 같은 땅이라도 용도지역, 건폐율, 도로 조건, 개발 계획, 규제 여부 등에 따라 가치가 천차만별이다. 그래서 전문성이 부족하면 고객에게 큰 금전적 손실을 안겨줄 수 있다. 실제로 초보 투자자나 공인중개사가 토지 거래에 뛰어들었다가 사기를 당하거나 평생을 가도 못 팔 땅을 사게 되어 손실을 보는 경우도 많다.

그럼에도 불구하고 토지는 황금 시장이다. 개발 호재가 있는 지역에서 토지를 선점하면 단기간에 가치가 몇 배로 뛰기도 한다. 공부를 좋아하고, 법규나 계획을 꼼꼼히 분석할 수 있으며, 장기적인 안목으로 투자자를 설득할 수 있는 성향이라면, 토지 중개를 추천한다. 특히 지방자치단체의 개발 계획, 도로 신설, 산업단지 조성 같은 정보에 빠삭한 공인중개사는 고객에게 큰 신뢰를 얻는다.

내 성향에 맞는 선택

사람을 좋아하고 서비스 마인드가 강하다면 주택 중개가 잘 어울린다. 주민과 매일 부딪히며 관계를 쌓는 과정이 즐겁고, 신뢰를 기반으로 한 거래에 보람을 느낀다면 주택 시장은 안정적인 무대가 된다. 거래 빈도가 높아 꾸준한 수입을 기대할 수 있다는 점도 장점이다.

반대로 큰 그림을 그리고 싶고, 거래 수가 적더라도 한 건의 성과에 만족할 수 있다면 빌딩 중개가 어울린다. 계약 건수는 많지 않지만, 건당 수익이 크고 결과의 무게가 다르다. 기다림을 감내하고 전문성을 축적하며 신뢰를 쌓아간다면, 빌딩 중개는 공인중개사에게 가장 보람 있는 무대가 될 수 있다.

분석을 좋아하고 법규에 강하다면 토지 중개가 적합하다. 눈에 보이지 않는 땅의 가치를 읽어내고, 개발 가능성과 방향을 설계할 수 있다면 위험은 크지만 성공했을 때의 보상 또한 크다. 1년 동안의 거래 건수는 적지만, 한 번의 성과가 남기는 수익은 매우 크기 때문이다.

본인의 선택이 곧, 부동산 중개 전략이다. 공인중개사 자격증을 취득했다고 해서 다 같은 중개를 하는 것이 아니다. 어떤 이는 동네 아파트 중개를 하며 '동네 부동산 전문가'로 자리 잡고, 어떤 이는 수십억 원대 빌딩을 중개하며 큰 성과를 노린다. 또 어떤 이는 토지에 집중해 장기적인 가치를 만들어낸다.

결국 중요한 것은 자신의 성향과 목표에 맞는 선택을 하는 것이다. 부동산 시장은 넓고, 길은 많다. 공인중개사의 길은 정해져 있지 않다. 내 성향과 전략이 곧 나의 미래 시장을 결정한다.

공인중개사의 브랜드는 내가 고른 하나의 분야에서 시작된다.

Chapter

02

공인중개사 자격증으로
돈을 벌 수 있을까?

공인중개사 자격증만 따면
돈을 벌 수 있을까?

많은 사람들이 공인중개사 공부를 시작하기 전, 혹은 시작한 지 얼마 되지 않아 이 질문을 가장 먼저 떠올리며 덜컥 겁부터 먹는다. 결론부터 말하자면, 공인중개사 자격증 자체가 수익을 보장해주지는 않는다. 자격증은 어디까지나 공인중개사 업무를 수행할 수 있는 자격일 뿐, 초보자에게 당장 돈을 벌어다 주는 도구는 아니다. 이 점은 변호사, 공인회계사, 감정평가사, 변리사, 세무사, 노무사, 관세사, 법무사 등 이른바 8대 전문직에도 모두 동일하게 적용된다.

그렇다면 왜 어떤 사람은 자격 취득 후 월 수백만 원, 많게는 수천만 원을 벌어들이는 반면, 어떤 사람은 개업 1년도 채 버티지 못하고 폐업을 하게 될까? 그 차이는 '운'이 아니라 어떻게 일을 했느냐에 있다.

부동산 중개수익은 여러 요소에 의해 결정되지만, 크게 보면 두 가지로 정리할 수 있다.

첫 번째 차이는 부동산 고객층, 둘째는 시장에 접근하는 방식이다.

많은 초보 중개사들이 놓치는 사실은 공인중개사가 단일 직무가 아니라는 점이다. 주택, 상가, 오피스, 신축 분양, 빌딩, 토지, 임대차, 매매 등 업무 분야에 따라 수익 구조와 업무 방식은 천차만별로 달라진다.

그렇다면 '부동산 고객층'이란 무엇일까. 당신이 많은 시간과 에너지를 들여 성사시킨 월세 50만 원짜리 원룸 계약의 중개수수료는 보통 20만 원 선이다. 반면 오피스나 빌딩 중개수수료는 적어도 100만 원 이상에서 시작하며, 작은 꼬마빌딩만 하더라도 수수료가 1,000만 원을 넘는 경우가 흔하다. 결국 어떤 고객층을 상대하느냐에 따라 매달 손에 쥐는 수익은 크게 달라진다. 공인중개사 자격증을 취득하고 진심으로 돈을 벌고 싶다면, 먼저 '주택을 중개할 것인가, 사무실이나 상업용 부동산을 중개할 것인가'를 스스로에게 묻고 결정해야 한다.

두 번째 차이는 부동산 시장에 대한 접근 방식이다.

과거, 나의 햇병아리 시절에는 중개할 매물 확보가 곧 경쟁력이었다. 매물이 많은 사람이 계약도 더 많이 했고, 공동중개를 통해서라도 계약서는 누구보다 많이 작성했다.

하지만 지금의 부동산 시장은 어떤가. 과거와 달리 이제는 네이버 매물, 네이버 블로그만 봐도 사용승인일자 검색을 통해 지번까지 쉽게 확인할 수 있다. 이제 전속계약이 아닌 이상, 부동산 광고는 사실상 모두의 매물장이 되었다. 과거처럼 매물을 확보하겠다고 매일 돌아다니며 발품을 팔 필요는 줄어든 셈이다.

요즘 고객은 이미 직방, 네모 등 다양한 부동산 플랫폼을 통해 충분한 사전 조사를 마친 뒤 부동산 공인중개사 사무소를 찾는다. 이제는 '매물을 많이 갖고 있는 중개사'가 아니라, 어떻게 고객에게 접근하고, 얼마나 빠르고 친절하게, 그리고 얼마나 정확하게 설명하고 안내하느냐에 따라 계약 건수가 갈린다.

고객이 매물에 대해 여러 차례 질문을 하고 조건 조율을 요청했을 때, 이를 얼마나 신속하고 정확하게 처리하느냐에 따라 고객의 만족도와 신뢰가 결정된다. 즉, 공인중개사는 단순히 매물을 보여주고 계약서를 쓰는 사람이 아니라, 고객에게 신뢰를 주고 계약 전반에 대한 만족스러운 조율을 책임지는 역할을 해야 한다.

나 역시 집을 보러 다닐 때 내가 만족하지 못하고, 일을 제대로 하지 못하는 공인중개사에게는 두 번 다시 가지 않는다. 공동중개를 하라며 편히 말하지만 자기 매물만 고집하며 보여주는 공인중개사, 조율 사항도 즉각 대응하지 못하고 다음 날 늦게 연락 오는 공인중개사라면, 죄송하지만 답답해서 연락을 차단한다. 내가 이런데 고객은 어떠할까?

최근 뉴스에서 많이 나오는 것처럼, 부동산 공인중개사 사무소는 폐업률이 높은 편이며, 자격증을 어렵게 따고도 소속 공인중개사로 근무하다가 다시 회사에 취직하는 경우도 많다. 개업 초기 3~12개월 동안 수익이 전혀 없을 수 있다. 이 기간은 당신의 무능에서 나온 실패가 아니라 햇병아리인 당신이 겪어야 할 부동산 시장의 적응기다. 이 어려운 보릿고개 같은 기간을 버티지 못하면 자격증이 있어도 수익은 0원이 될 수 있다.

그렇다면 왜 많은 사람들이 여전히 공인중개사 자격증을 따려고 할까?

주택 거래는 주거라는 필수 요소와 맞닿아 있어 누구나 언젠가는 계약을 하게 된다. 그만큼 거래량이 많고 순환도 빠르다. 여기에 빌딩이나 토지 거래처럼 한 건의 계약이 직장인 연봉에 해당하는 수익으로 이어질 수 있는 영역도 존재한다. 이 점이 공인중개사 자격증을 더욱 매력적으로 만든다.

노력을 많이 하고 열정을 유지한다면 수익을 크게 창출할 수 있다. 뉴스에서는 부동산 폐업률이 높다는 기사가 끊임없이 나오지만, 실제로 돈을 잘 버는 공인중개사들은 지금도 매달 수백만 원에서 수천만 원의 수익을 올리고 있다. 그렇기 때문에 지금 이 순간에도 많은 사람들이 공인중개사 자격증 취득을 목표로 공부를 하고 있다.

나 역시 작년 행정사와 겸업을 하며 느낀 점은, 두 업무의 결이 매우 다르다는 것이다. 그래서 초반에는 적응이 쉽지 않았다. 그럼에도 불구하고 공인중개사의 수수료 구조는 상대적으로 훨씬 높아, 여전히 매우 매력적인 자격증이라고 자신 있게 말할 수 있다. 열정적인 사람이라면 공인중개사 자격증을 취득한 뒤, 초기 적응 기간만 무사히 버티고 업무를 제대로 익힌다면 충분히 돈을 벌 수 있는 기회가 열려 있는 시장이다. 그렇기에 나는 이 길에 꼭 한 번 도전해보길 권하고 싶다.

돈 잘 버는 공인중개사와
돈 못 버는 공인중개사의 차이

같은 자격증을 취득하고 부동산 시장에 진입하더라도 공인중개사들의 수익은 일정하지 않다. 같은 지역, 같은 시기, 비슷한 조건에서 영업하더라도 A공인중개사는 계약이 끊이지 않고 이어지는 반면, B공인중개사는 시간이 많이 지나도 문의조차 들어오지 않는 경우가 있다.

이러한 수익의 차이점은 왜 생기는 것일까?

그 요소들을 관찰해보면 두 가지를 알 수 있다. 바로 열정과 소통력이다.

열정

여기서 말하는 열정은 공인중개사 자격증 공부를 할 때의 열정이나 동기, 의욕이 아니라 부동산 시장에서 근무하며 업무를 지속해서 수행하는 태도를 말한다. 업무 시작 전 주변 상권을 확인하고 새로운 매물이나 가격 변동이 있으면 체크한다. 당장 나에게 문의가 없더라도 매물 정리, 꾸준한 매물 홍보, 고객 데이터 정비를 반복한다. 이렇게 일하는 사람과 문의가 와야 움직이는 사람 사이에는 시간이 지날수록 분명한 수입 격차가 생긴다. 엉덩이가 가벼운 공인중개사가 돈을 많이 번다.

열정을 가진 공인중개사의 하루는 어떨까? 아침 일찍 출근해서 새로운 매물을 체크하고, 전날 촬영한 사진으로 광고를 시작한다. 결과가 당장 보이지 않는다고 해서 가만히 기다리지 않는다. 스스로 일을 만들고, 먼저 움직인다. 이 차이는 단기간에는 보이지 않는다. 하지만 이것이 수개월 누적되면 상담 건수, 매물 확보, 그리고 고객 미팅 건수에서 차이가 난다. 공인중개사는 미팅이 많을수록 계약 건수가 늘 수밖에 없다.

끼

여기서 말하는 '끼'는 타고난 성격이나 말재주를 뜻하지 않는다. 중개업에서 필요한 끼는 고객과의 대화에서 고객이 원하는 부동산 정보를 체계적으로 전달해 이해를 돕는 능력이다.

부동산 끼가 있는 공인중개사는 고객의 의도를 먼저 분석하고, 고객에게 필요한 정보를 빠르게 전달한다. 매물 설명 이후 고객의 반응을 살피고, 조건을 정리한 뒤, 고객이 선택하는 구조를 취한다. 계약을 위해 고객을 다그치며 "이거 곧 계약됩니다"라는 구시대적 멘트를 하면 요즘 고객들은 오히려 비웃는다.

고객은 단순히 안내받는 사람이 아니라 스스로 판단하는 주체다. 특히 시간이 부족한 고객에게는 원하는 매물만 정확히 캐치해 안내해야 한다. 원하지도 않는 B급 매물을 보여주는 순간, 고객은 다른 공인중개사에게로 도망가기 일쑤다.

이를 피하기 위해 고객 문의가 들어오면 근무하고 있는 사무실, 현재 인원과 추가 인원 계획, 역과의 거리, 인테리어, 화장실 등 필요한 정보를 먼저 파악해야 한다. 그리고 A급 매물을 누구보다 빠르게 브리핑해야 한다. 당신이 다른 공인중개사보다 늦는다면, 고객은 당신을 선택하지 않는다.

개업 초기
수익이 없는 것은 정상인가?

공인중개사가 맨땅에 헤딩하듯 바로 개업하면 대부분 비슷한 과정을 거친다. 부동산 공인중개사 사무소를 개업하고 매물 광고를 시작하지만, 처음부터 내가 꿈꾸었던 계약으로 이어지는 경우는 많지 않다. 처음 3개월에서 길게는 1년까지 수익이 발생하지 않는 기간이 발생할 수 있다. 이 현상은 개인의 능력 부족이나 실행력이 약해서가 아니다.

○○부동산 공인중개사라는 당신을 모르니 초반에는 매물 접수도 거의 들어오지 않고, 실무 경험이 부족해 손님 응대나 계약서 작성도 서툴 수밖에 없다. 부동산 공인중개사 사무소를 바로 개업한다고 해서 당장 수익을 낼 수 있는 것은 아니다. 공부할 때는 쉬워 보였던 한 건의 계약이 성사되기까지는 매물 접수, 현장 확인, 매물 광고, 고객과의 상담, 고객 안내, 임대인 임차인 조건 조율, 계약서 작성이라는 긴 과정을 거친다. 이 과정은 물건의 종류와 거래 목적에 따라 공

인중개사가 움직이는 방식과 조율 포인트가 모두 달라진다.

특히 빌딩 매매나 토지 중개의 경우, 의사결정까지 걸리는 시간이 길어질수록 수익 발생 시점은 더 늦어진다. 대부분 잔금일에 수수료를 받기 때문이다. 그래서 개업을 결정했다면 최소 1년을 버틸 수 있는 자본이 필요하다.

개업 전에 소속 공인중개사로 근무하는 사람이 많은 이유도 이 구조 때문이다. 나 역시 소속 공인중개사로 근무하며 실전 경험을 많이 쌓았다. 부동산 공인중개사 사무소 대표님이 잘 알려주시긴 했지만, 돌발 상황과 사건 사고는 끊임없이 발생했고, 2년 동안 울면서 현장을 뛰어다닌 날도 적지 않았다.

소속 공인중개사로 일하는 동안 경험하게 되는 업무는 내가 부동산 책이나 강의, 공부할 때 배웠던 내용과는 전혀 다르다. 소속 공인중개사로 근무를 하며 배운다는 것은 실무 경험을 쌓는 일이다. 찾아온 내 고객이 어떤 기준으로 매물을 선택하고, 어떤 매물이 인기가 많은지, 그리고 계약까지 이어지게 될 경우, 이 매물은 어떤 것을 체크하고 어떤 것을 조심해야 하는지를 자연스럽게 익히는 과정이다.

또한 임대인과 임차인의 조율이 어려울 때 이를 자연스럽게 풀어나가는 과정과 어떻게 해야 조율이 쉽게 성사되는지도 일을 하며 스스로 배워나간다.

현장에서 요구되는 커뮤니케이션 방식이 어떤지도 알아야 한다. 최악의 경우, 착한 임대인을 만났어도 건물 관리 소장님이 문제가 되는 경우도 많다. 나 역시 관리 소장님의 판단 하나로 계약이 무산

된 경험이 있다. 이런 실전 경험들은 개업 이후 피와 살이 된다.

실제로 나와 같은 시기에 시작한 동기 중 지금까지 공인중개사를 계속하는 비율은 10%도 되지 않는다. 경험이 쌓인 중개사들은 비슷한 사례의 반복을 통해 계약이 잘 나오는 구조를 이해하고 있다. 반면, 경력이 길다고 해서 안정적인 수입이 보장되지는 않는다. 과거 방식에 머물고 변화하지 않으면 오히려 더 빠르게 도태된다.

요즘처럼 시장 변화가 빠르고 AI 기술이 빠르게 발전하는 시대에는, 광고조차 하지 않고 전속 매물만 관리하는 방식에 머무를 경우 오히려 더 빠르게 도태되기 쉽다. 이 과정에서 끊임없이 변화에 적응하고 정보를 꾸준히 업데이트하는 공인중개사와, 익숙한 방식만 고수하는 공인중개사는 결국 시장에서 살아남을 가능성 자체가 달라진다.

개업 초기 6개월에서 1년은 단순히 수익이 없는 시간이 아니라 시장 구조를 익히고 나만의 업무 방식을 만드는 기간이다. 물론 열정적인 공인중개사라면 이 짧은 기간 안에 수익을 만들어내는 경우도 있다. 부끄럽지만 내가 그랬고, 지금도 부동산 시장에서 당당하게 살아남아 있다.

결국 중요한 것은 내가 어떤 경험을 쌓고, 어떤 방향의 부동산 중개를 하고 싶은지다.

공인중개사는
AI로 사라질 직업일까?

몇 년 전만 해도 공인중개사는 '10년 안에 사라질 직업' 리스트에서 빠지지 않는 직업이었다. 지금도 인터넷 뉴스 기사 댓글만 봐도 공인중개사는 없어져야 한다며 아우성이다. 유튜브 콘텐츠에서는 부동산 중개업이 곧 플랫폼과 AI로 대체될 업종이라고 단정했고, 많은 예비 중개사들은 불안함 속에서 자격증 공부를 했다.

그러나 지금은 어떤가? 시간이 흐르면서 시장 상황은 달라졌다. 최근 '사라질 직업 베스트 10' 순위에서 중개업은 오히려 빠졌고, 대신 택시기사, 번역가, 콜센터 직원, 은행 창구 직원, 경리 등이 대체 가능 직업으로 거론되고 있다.

그렇다면 AI가 공인중개사를 대체하지 못하는 이유는 무엇일까?

AI가 인간보다 뛰어난 영역은 단순 반복, 계산, 그리고 정형화된 업무다. 정답이 하나로 명확한 일일수록 AI는 빠르고 정확하게 인간을 대체한다. 그러나 부동산 중개업은 보기에는 단순한 중개 서비스처럼 보이지만, 실무는 전혀 그렇지 않다. 이 직업은 고객의 수많은 요구사항과 비표준화된 매물 특성, 권리관계, 법률, 지역성, 협상 등 복잡성으로 AI가 쉽게 파고들지 못한다.

언젠가 시간이 흘러 안드로이드 로봇이 현장 안내를 책임지고 인간보다 더 잘해내며, 부동산 중개 계약에 대한 책임 주체가 있다면 공인중개사라는 직업이 사라지겠지만, 그것이 10년 안은 아니라는 것이다. 거래를 성사시키는 과정과 부동산 계약에서는 여전히 사람, 즉 공인중개사가 필요하다.

부동산 거래는 수억 원에서 수십억 원에 이르는 자산 이동이다. 이 과정에는 단순 정보 전달이 아니라 관계, 신뢰, 그리고 책임이 따른다. 특히 임대차나 매매 협상 과정에서 발생하는 수많은 조건 조율은 아직 AI나 안드로이드가 대신할 수 없는 영역이다.

일부 지역에서는 AI 기반 서비스 확산으로 문을 닫는 사무실도 보이지만, 그것이 곧 공인중개사라는 직업의 소멸을 의미하지는 않는다. 오히려 장기간에 걸쳐 대체되기 어려운 직업에 가깝다. 공인중개사의 핵심 역량 자체가 AI 단독으로 수행하기 어렵기 때문이다. 부동산 중개 계약의 모든 요소는 매물 특성과 사람 간 협상을 기반으로 움직인다.

다만 부동산 중개업 또한 빠르게 발전하고 바뀌어나가는 시점에서 공인중개사들도 확실한 변화가 필요하다. 이른바 '복덕방' 형태의 작은 사무실들이 점점 사라질 가능성이 크다. AI는 공인중개사를 완전히 없애는 존재라기보다, 시장을 정리하는 역할에 가까울 것이다.

결국 시대가 바뀌며 사라질 중개사는 AI를 받아들이지 못하는 공인중개사다. 변화를 거부하고 과거의 방식에 머무는 사람은 도태될 수밖에 없다. 반대로 낯선 AI를 빠르게 받아들이고, 이를 업무에 적극적으로 활용하는 공인중개사는 누구보다 빠르게 성장할 수 있다. AI는 공인중개사를 대체하는 기술이 아니다. AI는 공인중개사 중 누가 살아남을지를 가려내는 기술이다. 엉덩이 무겁게 부동산 사무실에 우두커니 앉아 일하지 못하는 공인중개사로 도태되고 싶지 않다면, 공부할 때의 마음과 뜨거운 열정으로 언제나 최선을 다해 현장을 뛰어야 한다. 제2의 직업에서 당신의 인생은 누구보다 빛나야 한다.

공인중개사로
돈 잘 벌 수 있는 십계명

현장에서 공인중개사로 일하다 보면 어느 순간, 이런 생각이 든다. '나는 코로나 시기보다 어려운 지금, 이 일을 제대로 하는 걸까?'

주변을 둘러보면 같은 공인중개사 자격증을 가지고 시작했음에도 결과는 극명하게 갈린다. 어떤 공인중개사는 매달 꾸준히 계약을 성사시키며 성과를 내는 반면, 어떤 공인중개사는 몇 달을 버티다 버티다 결국 적자를 견디지 못하고 일을 그만두는 경우가 태반이다.

하지만 잘 버는 공인중개사들은 절대 우연히 성공하지 않는다. 그들에게는 공통된 루틴과 자기만의 약속이 있고, 그 기준을 '돈 잘 버는 공인중개사의 십계명'으로 부를 수 있다.

첫째, 내가 공략할 부동산 시장을 정하자.

처음에는 어떤 매물이든 다 받아야 하는 게 맞다. 하지만 시간이 지나면 어느 쪽을 전문으로 중개할 것인지 정해야 한다. 원룸, 사무실, 상가, 빌딩, 토지 중 무엇을 전문으로 할지 정해야 그 분야의 부동산 전문가가 될 수 있다. 모든 고객을 상대하려고 하면, 결국 어느 영역에서도 전문가가 되지 못한다.

둘째, 부동산 정보를 모아야 한다.

예전이나 지금이나 부동산은 데이터로 일하는 업이다. 로컬 상권 흐름, 임대 시세, 개발 호재, 공실 유무, 인근 매매 정보 등의 정보가 쌓이면, 당신을 찾아오는 고객은 당신을 전문가로 신뢰한다. 고객이 신뢰할 수 있는 진실한 사람은 계약을 억지로 밀어붙이지 않아도 선택받는다.

셋째, 무조건 기록으로 남겨야 한다.

고객이 어떤 조건을 말했는지, 어떤 매물을 봤는지, 어떤 용도로 매물을 찾고 있는지 당신이 한 번이라도 미팅을 했다면 두 번, 세 번 고객에게 재차 묻지 않고 희미한 기억이 아닌 기록으로 남겨야 한다. 나는 고객과 미팅 후, 현장 안내를 했던 매물 내역을 정리해 가장 먼저 고객에게 전달한다.

넷째, 계약은 강요가 아니다.

부동산 계약은 급하다며 말로 밀어붙여서 만들어지는 결과가 아니다. 내가 몇 년 동안 지켜본 한 팀장님이 계신다. 이분은 공동중개를 할 때 손님에게 별말을 하지 않는다. 본인이 매일 돌아다니면서 봤던 매물 중 가장 좋은 컨디션의 A급 매물만 안내하는데, 계약은 그 부동산 공인중개사 사무소에서 1등이며 수익도 가장 많았다.

이분의 큰 장점은 절대 계약하라며 밀어붙이지 않았다는 것이다.

부동산은 금액이 크고 계약 기간이 길기 때문에, 고객은 계약 앞에서 항상 망설이게 된다. 그래서 많은 공인중개사가 "다른 곳에서 이 매물을 채갈 수 있으니 빠르게 결정하라"고 고객을 재촉한다.

하지만 이 팀장님은 항상 A급 매물을 보여주며 이 매물의 장점, 단점과 주의 사항을 투명하게 비교하며 설명했다. 고객은 이런 안내를 받을 때 재촉당한다고 느끼지 않는다. 겉보기에는 좋은 A급 매물이라도 숨은 단점까지 솔직하게 짚어주기 때문이다. 그 결과, 고객은 이 팀장을 깊이 신뢰하며 스스로 최선의 선택을 했다고 생각한다. 그래서 계약 후에도 후회나 부담이 적고, 오히려 감사하다며 계약 기간 종료 후나 이전할 때 꼭 이 팀장님을 찾았다.

결국 이렇게 계약을 강하게 강요하지 않는 공인중개사는 한 번의 거래가 아니라, 다음 거래와 지인 소개까지 얻는다. 다만 안타깝게도 이 팀장님은 시장 변화에 빠르게 적응하지 못해 지금은 현장을 떠나셨다.

다섯째, 모든 사람이 고객은 아니다.

결정을 못 하고, 예산에 맞지 않는 요구를 반복하며, 말이 계속 바뀌는 사람에게 시간을 쓰다 보면 중요한 기회를 놓친다. 잘 버는 공인중개사는 손님을 가리는 사람이 아니라, 이 사람이 정말 계약할 사람인지 알아보는 사람이다.

초보 시절에 나 역시 하루에 4~5건씩 미팅을 하며 최선을 다했지만, 정작 무엇을 원하는지도 모르는 고객을 많이 상대했던 달에는 계약 건수가 눈에 띄게 줄었다. 이들은 나쁜 고객이 아니다. 다만 내 시간을 과도하게 소모시키는 고객군일 뿐이다.

초보는 가리지 않는 게 좋다. 하지만 내 소중한 시간을 계속 의미 없이 뺏는 사람이라면 잠시 놓아주며 쉬어가는 것을 추천한다. 안 그러면 몇 달 후 지쳐서 공인중개사 업을 그만두게 될 수도 있기 때문이다.

여섯째, 계약은 끝이 아니라 시작이다.

내가 현장에서 많이 듣는 말이 있다.

"공인중개사는 계약하면 끝 아닌가요?"

하지만 나는 당당히 "아닙니다"라고 말한다. 수수료를 받는 순간 손을 놓고 나 몰라라 하는 공인중개사들이 많아 사람들이 이러한 인식을 갖게 된 것이다.

하지만 돈을 잘 버는 중개사는 계약이 끝난 순간을 관계의 끝이 아니라, 시작이라고 생각한다. 수익은 한 번의 계약에서 만들어지는 것이 아니라, 고객과의 거래가 반복될 때 비로소 커진다. 임대 계약 이후 이전이나 확장이 이어질 수도 있고, 지인의 소개로 또 다른 거래가 연결되거나 임대가 매매로 발전하는 경우도 많다. 고객과 나 모두가 만족한 계약이었다면 그 고객을 절대 놓쳐서는 안 된다. 계약 이후 불편한 점이 있어 고객이 연락해온다면, 그 순간이야말로 신뢰를 완성할 기회다. 임대인과의 관계 속에서도 고객이 불편하지 않도록, 중개사로서 할 수 있는 최선을 다해 조율하고 도와야 한다.

일곱째, 고객과 신뢰를 형성한다.

화려한 부동산 전문용어보다 중요한 것은 기본적인 태도다. 고객과의 약속 지키기, 모르면 확인하고 빠르게 피드백 주기와 같은 간단하고 정말 당연한 태도가 신뢰를 형성한다.

여덟째, 안 되는 계약을 억지로 만들지 말자.

부동산 계약에는 자연스럽게 술술 잘 풀리는 '되는 계약'과 억지로 어렵게 끌어가며 '억지로 맞춘 계약'이 있다. 되는 계약은 조건이 자연스럽게 맞고, 고객도 공인중개사도 서로 무리 없이 편하게 계약이 자연스럽게 흘러간다.

하지만 억지로 만든 계약은 처음부터 어딘가 어긋난 채 시작되고, 진행 과정 또한 유난히 더디고 힘들다. 예를 들면, 조건과 예산이 맞지 않는다면 이것은 당연히 공인중개사와 임대인이 조율해야 할 문제다. 그런데 실제 현장에서는 아직 계약도 체결되지 않았는데 이미 크고 작은 문제가 연달아 발생하는 경우가 있다. 나는 현장에서 이런 계약들을 수없이 봐왔다. 경험상, 무리해서 밀어붙인 계약은 대부분 시간이 지나 작은 사고로 이어지기 마련이다. 더 큰 문제는 계약 이후 불만과 분쟁으로 확대될 가능성이 크다는 점이다. 그래서 나는 '이건 아니다'라는 감이 오면 과감히 그 계약을 진행하지 않는다.

억지 계약은 결국 중개 사고로 이어질 가능성이 커 지금 당장 눈앞의 수수료보다 고통스러운 감정 소모를 치르게 된다. 현명한 공인중개사라면 계약의 안전성과 고객이 입주한 후에도 편안하게 사용·수익할 수 있을지까지 멀리 내다봐야 한다. 절대 공인중개사 일을 하며 체력은 물론, 정신적으로 지치면 안 된다. 우리는 문제가 없는 계약을 진행해야 하는 전문가이기 때문이다.

아홉째, 보이는 사람이 아니라, 찾게 되는 사람이 되어야 한다.

요즘 부동산 시장은 단순히 사무실 간판을 걸어두거나 광고만 한다고 고객이 찾아오는 시대가 아니다. 그럼에도 불구하고 '내가 공인중개사 자격증을 딴다면 과연 돈을 벌 수 있을까?'라는 불안은 여전히 남아 있을 것이다.

당신이 과거에 부동산 거래를 해봤다면, 어떤 공인중개사에게 계약해봤는지 기억을 해보자. 고객은 계약 전에 이미 많은 플랫폼을 통해 매물을 검색하고 비교하며, 때로는 공인중개사보다 더 많은 정보를 확보한 상태로 부동산 공인중개사 사무소를 찾는다. 그래서 공인중개사는 그 고객보다 정확한 정보를 더 많이 알고 있어야 한다. 몇 마디의 대화만으로도 '필요할 때 떠오르고, 다시 찾게 되는 사람'이 되어야 한다는 것이다.

고객이 먼저 찾는 중개사는 결코 노력 없이 선택된 것이 아니다.

꾸준한 매물 공부와 당신만이 가진 정보가 쌓일 때 비로소 고객은 당신을 찾게 된다.

열째, 반복적인 실수는 절대로 하지 말자.

공인중개사도 사람이다. 누구나 한 번쯤은 실수할 수 있다. 하지만 같은 실수를 반복한다면 고객은 더 이상 당신을 신뢰하지 않는다. 부동산은 계약 금액이 크고 책임이 분명하게 따르는 만큼 고객은 실수가 잦은 불안한 공인중개사보다 자신의 일을 정확하고 확실하게 준비한 사람을 선택할 수밖에 없다. 실수가 있었다면 숨기지 말고, 바로 빠른 피드백을 줘야 한다. 그리고 같은 실수가 발생하지 않도록 업무 과정을 다시 점검하고 정리해야 한다.

결국 중요한 것은 실수를 경험으로 바꾸려는 태도다. 이러한 태도가 더 많은 고객을 이끌어낸다. 끊임없이 부동산 업무를 공부하며 배우는 사람만이 이 업계에서 꾸준히 수익을 낼 수 있으며, 그것이 바로 시장에서 오래 살아남는 강력한 경쟁력이 된다.

03

공인중개사 합격 후 개업, 그리고 실무

자격증 취득 후 첫 번째 선택
- 취업 vs 개업

합격증을 손에 쥔 기쁨도 잠시, 곧바로 또 다른 걱정이 시작된다.

공인중개사와 행정사 자격증을 취득하고 나면 누구나 한 번쯤 이런 고민을 하게 된다.

'이제 어떻게 할까?'

책상 앞에서 몇 개월, 어쩌면 몇 년을 투자해서 얻은 자격증이다. 이제 정말 중요한 것은 이 자격증을 어떻게 활용할 것인가다.

대부분의 사람들이 두 가지 선택지 사이에서 고민한다. 기존 부동산 공인중개사 사무소나 행정사 사무소에 취업할 것인가, 아니면 바로 개업할 것인가.

나도 마찬가지였다. 공인중개사 합격 통지서를 받고 잠시 고민하다가 홍대 인근 공인중개사 사무소의 구인 광고를 보고, 두 군데에 연락했다. 내 주변에서는 "경험부터 쌓아라", "바로 독립해라" 등 다양한 조언이 쏟아졌지만, 정말 중요한 것은 내 현재 상황과 목표에 맞는 선택을 하는 것이다.

취업의 가장 큰 장점은 체계적인 실무 경험을 쌓을 수 있다는 점이다. 아무리 자격증을 땄다고 해도 실제 업무는 공부와 전혀 다르다. 고객 상담부터 계약서 작성, 각종 서류 업무에 이르기까지, 이론으로만 알던 것들을 실제로 해보는 것은 전혀 다른 차원의 문제였다.

경험 많은 선배 밑에서 일하면 시행착오를 크게 줄일 수 있다. 혼자서 부딪히며 배우는 것보다 훨씬 효율적이다. 특히 처음 몇 건의 계약은 정말 중요한데, 경험자의 도움 없이 진행하다 보면 큰 중개 사고로 이어질 가능성도 적지 않다. 나는 정말 운 좋게 좋은 사수를 만나 일을 FM식으로, 체계적으로 배울 수 있었다. 지금은 부동산 일을 그만두셨지만, 가끔 안부를 주고받는 소중한 인연으로 남아 있다.

소속 직원으로 들어가게 되면 개업 비용과 초기 부담감이 없다는 점도 큰 장점이다. 보통 부동산 공인중개사 사무실은 기본급 없이 인센티브 중심 구조인 경우가 많지만, 잘 찾아보면 기본급 + 인센티브 구조의 곳도 있다. 기본급이 있는 대신 인센티브 비율은 낮지만, 어느 정도 안정적인 수입을 원한다면 이런 구조의 부동산 공인중개사 사무소에 취업하는 것이 좋다. 특히 가족이 있거나 생활비 부담이 큰 사람에게는 이런 안정성이 중요하다.

개업 초기에는 수입이 불안정할 수밖에 없다. 고객을 확보하고, 그 고객과 계약을 성사시키며, 다시 그 고객에게 신뢰를 쌓기까지는 반드시 시간이 필요하기 때문이다. 몇 개월 동안 계약이 전혀 나오지 않으면 수입은 0원이지만, 월세와 공과금, 광고비 등 통장에서 빠져나가는 돈은 생각보다 많다.

개업을 하면 모든 업무를 혼자 처리해야 한다. 고객 상담, 계약서 작성, 마케팅, 블로그 홈페이지 관리까지. 특히 초기에는 직원을 둘 여유가 없어 정말 바쁘다. 각종 리스크도 모두 내가 책임져야 한다. 계약 과정에서 문제가 생기면 모든 책임이 나에게 돌아온다. 이 부담감은 실제로 겪어보지 않으면 체감하기 어렵다.

그럼에도 불구하고 개업의 가장 큰 매력은 수입에 제한이 없다는 점이다. 노력한 만큼, 역량을 발휘한 만큼 수입이 늘어날 수 있다. 특히 공인중개사와 행정사, 두 자격증을 함께 활용하면 시너지 효과로 훨씬 큰 수익 구조를 만들 수 있다.

실제로 성공한 개업자들 중에는 연 수입이 수억 원에 이르는 경우도 있다. 본인의 노력과 역량에 비례하는 정당한 보상을 받을 수 있다. 그리고 내가 원하는 방향으로 사업을 설계할 수 있다. 사무실 전문으로 할 수도 있고, 외국인 고객에 특화할 수도 있다. 행정 업무 비중을 높일 수도 있고, 컨설팅 서비스를 강화할 수도 있다.

취업이냐 개업이냐, 선택 자체보다 더 중요한 것이 있다. 바로 전문성과 차별화다. 어떤 선택을 하든 두 자격증의 시너지 효과를 최대한 활용하고, 지속적으로 전문성을 높여나가는 것이 핵심이다.

취업을 선택했다면 그 기간 동안 최대한 많은 것을 배우고, 네트워크를 구축해야 한다. 개업을 선택했다면 차별화된 서비스로 빠르게 시장에서 인정받아야 한다.

어떤 길을 선택하든 성공할 수 있다. 중요한 것은 자신의 상황에 맞는 현명한 선택을 하고, 그 선택에 책임지며 최선을 다하는 것이다. 공인중개사와 행정사 자격증이라는 강력한 무기를 갖고 있으면, 어떤 선택을 해도 성공할 가능성은 충분하다.

개업 준비는
어떻게 할까?

두 사무소는 개업의 접근 방식 자체가 다르다. 공인중개사와 행정사의 소속 직원으로 일을 잘 배웠다면, 이제 개업을 앞두고 신중하게 고민해야 할 시점이 온다. 공인중개사와 행정사는 겸업도 물론 가능하지만, 각 자격의 특성을 제대로 이해한다면 따로 개업하는 선택지 역시 충분히 고려해볼 필요가 있다. 왜냐하면 두 사무소는 성격 자체가 완전히 다르기 때문이다. 나는 현재 중개법인 사무실에서 행정사 사무실을 개업했지만, 몇 달 지나고 나니 '차라리 따로 개업할걸' 하는 후회 또한 있다.

부동산 공인중개사 사무소는 입지 중심의 비즈니스다. 지나가는 사람들의 눈에 띄어야 하고, 접근성이 좋아야 한다. 반면 행정사 사무소는 전문성 중심의 비즈니스다. 입지보다는 전문 분야와 서비스 품질이 더 중요하다.

내가 공인중개사로 일하다 보니 부동산 공인중개사 사무소에서 중요한 것은 단연 입지다. 아무리 내가 영업을 잘해도 사람들이 찾아오지 않으면 소용이 없다. 그래서 많은 사람들이 상가 권리금을 주고서라도 좋은 자리에 있는 기존 사무실을 인수받는다. 나는 처음 부동산 공인중개사 사무소를 개업했을 때 서교동 3층 사무실에서 시작했다. 보증금 500만 원, 월세 40만 원의 3평 남짓 사무실에 간판 없이 초라하게 말이다. 그 당시 만들었던 블로그가 반응이 좋아 개업하고 며칠 만에 계약이 성사되었고, 그 후로도 사무실 계약 건들이 있어 월세에 대한 부담은 전혀 없었다.

하지만 개업하고 3개월 남짓 되었을 때 서교동 상가 계약을 앞둔 시점에서 건물주로부터 "왜 부동산 사무실이 1층이 아닌 3층에 있죠? 떴다방 아닌가요?"라는 말을 듣고 망연자실하고 자존심이 너무 상했다. 그날로 나는 바로 그 서교동 상가 인근의 무권리 1층 사무실을 겁도 없이 덜컥 계약했다. 그리고 그 건물주분에게 전화를 걸어 "바로 인근의 서교동 ○○○-○○ 1층 부동산 공인중개사 사무소로 계약하러 오시면 됩니다"라고 전화를 걸었다. 그 후 그 서교동 건물의 상가를 모두 계약하고 전속 관리를 했다. 광고가 자신이 있으면 꼭 1층이 아니어도 된다. 하지만 로드 손님이 꾸준히 들어오는, 목 좋은 자리의 부동산 공인중개사 사무소를 보면 부러움이 드는 것도 사실이다.

결국, 본인이 개업할 부동산이 어떤 분야를 전문으로 할 것인지에 따라 입지 선택은 완전히 달라진다.

아파트 전문으로 중개할 계획이라면, 아파트 단지 내 상가가 가장 좋다. 아파트 주민들이 일상적으로 오가며 자연스럽게 눈에 띄는 위치여야 한다. 특히 대단지 아파트 인근이라면 더욱 유리하다. 입주민들이 이사나 매매를 고민할 때 가장 먼저 떠올릴 수 있는 곳이 되어야 한다.

상가나 사무실을 전문으로 할 계획이라면, 당연히 상가나 사무실이 밀집된 지역이어야 한다. 임차인들이 직접 찾아와 상담할 수

홍대 대로변 오피스텔(출처 : 저자 제공)

있어야 하고, 건물주들 역시 부담 없이 들를 수 있는 위치가 좋다. 오피스텔이나 원룸 전문이라면 대학가 근처나 지하철역 주변이 적합하다. 실제 수요층이 많이 지나다니는 곳이어야 한다.

광고 없이 운영하는 부동산 공인중개사 사무소는 유동 인구가 생명이다. 지나가다가 "한번 들어가 볼까?" 하는 사람들이 많아야 한다. 그래서 1층이 유리하고, 큰 창문으로 내부가 잘 보이는 곳이 좋다. 내 경험상 하루 유동 인구가 몇천 명 이상인 곳과 몇백 명 이상인 곳의 차이는 엄청나다. 유동 인구가 많은 곳에서는 별다른 마케팅 없이도 자연스럽게 고객이 들어온다.

이에 반해 행정사 사무소는 공인중개사 사무소와 완전히 다르다. 유동 인구보다는 전문성이 중요하다. 사람들은 행정사를 찾을 때 길을 지나가다가 간판을 보고 연락하기보다는, 인터넷 검색을 통해 필요한 업무를 찾고 해당 행정사에게 직접 연락하는 경우가 더 많다. 그래서 월세가 비싼 1층일 필요는 없다.

행정사 사무소는 신뢰감 또한 중요하다. 너무 작거나 허름한 것보다 행정 업무를 다루는 곳답게 깔끔하고 전문적인 분위기를 연출하는 것이 좋다.

행정사 사무소를 찾는 고객들은 중요한 서류를 들고 상담을 받으러 오는 경우가 많다. 그래서 대중교통보다 자가용을 이용하는 비율도 높다. 주차 공간이 있는 건물이라면 상담 진행이 훨씬 수월하다. 물론 지하철역에서 너무 멀어도 안 된다. 도보 10분 이내가 적당하고, 버스 정류장이 가까우면 더 좋다.

공인중개사 사무소와 행정사 사무소를 동시에 운영하면 시너지 효과를 낼 수 있다. 부동산 거래 고객이 비영리 법인 설립이나 각종 행정 절차 대행을 함께 요청하는 경우가 적지 않기 때문이다.

• 행정사(행정사법인)

3명 이상의 행정사가 구성원이 되어 설립이 가능하며, 행정안전부장관의 인가를 받아 설립한다. 사무소는 주사무소와 분사무소 설치가 가능하며, 행정사가 있어야 한다.

- **공인중개사(중개법인)**

'공인중개사법'에 따라 상법상 회사로 설립 후 개설 등록을 받는다. 대표자는 공인중개사 1인으로 법인 설립이 가능하다.

- **행정사 합동 사무소**

행정사법에 2명 이상의 행정사가 공동으로 설치·운영할 수 있다.

- **공인중개사 합동 사무소**

공인중개사에는 합동 사무소 자체에 대한 별도 규정이 없으므로 사무 공유 등은 가능하더라도 개업 공인중개사는 개별 등록·표시·책임이 있다.

공인중개사든 행정사든, 결국 가장 중요한 것은 차별화 포인트다. 단순히 사무소를 열고 손님을 기다리는 것이 아니라, 고객이 나를 선택할 수밖에 없는 이유를 만들어야 한다. 그것이 영업력이든, 마케팅이든, 혹은 특정 분야의 전문성이든 말이다.

개업 준비는 철저하게, 일의 실행은 과감하게. 이것이 성공적인 개업의 비결이다.

취업은
어떤 사무실이 좋을까?

첫 직장이 인생을 좌우하느냐고 묻는다면, 꼭 그렇다고 단정할 수는 없다.

하지만 분명 중요한 문제인 것은 맞다. 첫 직장에서 어떤 방식으로 일을 배우느냐에 따라, 업무를 대하는 센스와 일하는 방식의 '색깔'이 자연스럽게 입혀지기 때문이다.

자격증 취득 후 취업을 결정했다면, 이제 가장 중요한 문제가 남았다. '어떤 사무실에서 일할 것인가?' 많은 사람들이 이 부분을 대충 넘어가는데, 사실 첫 직장 선택이 향후 5년, 10년의 커리어를 좌우할 수 있다.

나는 정말 운이 좋았다. 처음 홍대 인근 부동산 공인중개사 사무소에 입사해 소속 공인중개사로 일할 때, 내 사수는 나를 잘 키운 후, 본인이 그 부동산 공인중개사 사무소를 그만둘 생각에 굉장히 철두철미하게 교육시켰다. 감사하게도 나는 입사한 지 3일 만에 첫 계약을 따냈다.

사실 부동산 공인중개사 사무소에 입사하면 "알아서 보고 배우고 일해라"라는 식의 태도를 보이는 곳도 적지 않다. 이런 환경에서는 제대로 배우지 못한 채 고생만 하다가, 단 한 건의 계약도 못 해보고 그만두는 경우도 많다.

그래서 소속으로 취업하게 되었을 때, 보이지 않는 것 중 중요한 것이 그 사무실에서 직원들이 얼마나 오래 근무했는지다. 직원들의 근속 기간을 꼭 확인해야 한다. 직원들이 자주 바뀌는 곳은 사무실에 문제가 있다는 신호다. 월급을 제때 못 주거나, 업무 환경이 나쁘거나, 성장 가능성이 없다는 방증이다. 반대로 직원들이 오래 다니는 사무실은 안정적이고 배울 게 많다는 뜻이다. 면접을 볼 때 "여기서 가장 오래 다닌 분이 몇 년 정도 되시나요?"라고 물어보는 게 좋다. 근속 기간이 긴 직원이 있다면 좋은 신호다.

공인중개사 사무실을 선택할 때 가장 중요한 것은 전문 분야다. 내가 앞으로 어떤 분야에 특화하고 싶은지를 먼저 정해야 한다. 아파트를 할 건지, 상가를 할 건지, 사무실이나 빌딩을 할 건지 말이다. 만약 아파트를 전문으로 하고 싶다면 아파트 거래가 많은 사무실을 찾아야 한다. 대단지 아파트 근처에 있으면서 실제로 아파트 거래 비중이 높은 곳이 좋다. 상가나 사무실 전문으로 하고 싶다면 상업 지구에 있는 사무실을 선택해야 한다.

왜 이것이 중요할까? 각 분야마다 노하우가 완전히 다르기 때문이다. 아파트 거래의 핵심은 감정적 어필과 주거 환경 분석이지만,

상가나 사무실은 수익성 분석과 상권 파악이 더 중요하다. 내가 원하는 분야의 전문성을 쌓으려면 그 분야에 특화된 사무실에서 일해야 한다.

특히 지역에서 어느 정도 인지도가 있는 사무실이라면 더욱 좋다. 고객들이 먼저 찾아오는 경우가 많아 신입 직원도 거래 기회를 많이 얻을 수 있다.

행정사 사무실 역시 전문 분야가 중요하다. 위치가 출입국에서 가까워 비자 업무에 특화된 곳, 비영리 법인 설립에 특화된 곳, 기업 인허가에 특화된 곳 등 각각의 색깔이 다르다. '내가 앞으로 어떤 분야에 집중하고 싶은지'를 먼저 정하고, 그 분야에 특화된 사무실을 찾아야 한다. 비자 업무를 배우고 싶다면 출입국 근처의 비자 전문 사무실이 최고다. 기업과 관련된 업무를 배우고 싶다면, 업무지구에 있는 기업 대상 사무실이 좋다.

행정사 사무실의 고객층도 다양하다. 개인 고객 위주인 곳과 법인 고객 위주인 곳의 업무 스타일이 완전히 다르다. 법인 고객 위주라면 업무가 더 체계적이고 규모가 크다. 법인 설립, 기업 인증, 각종 인허가 등 복잡한 업무를 다룰 수 있다. 대신 더 전문적인 지식이 필요하다. 행정사 업무는 출장이 많다는 특징이 있다. 고객이 직접 오기 어려운 경우가 많아 내가 찾아가야 한다. 어떤 사무실은 출장 비중이 70~80%인 곳도 있다.

첫 직장 선택은 정말 중요하다. 단순히 월급만 보고 결정하면 안 된다. 배울 수 있는 것, 성장 가능성, 근무 환경, 전문성 축적 가능성을 종합적으로 고려해야 한다. 특히 공인중개사와 행정사 두 자격증을 모두 가진 경우라면 더욱 신중해야 한다. 어떤 사무실을 선택하느냐에 따라 두 자격증의 시너지 효과를 누릴 수도, 그렇지 못할 수도 있다. 내가 원하는 전문 분야가 명확하고, 직원들의 근속 기간이 길며, 페이 구조가 합리적이고, 개업한 지 어느 정도 된 안정적인 사무실. 이런 곳을 찾아서 첫 커리어를 시작하라.

첫 단추를 제대로 끼워야 나중에 독립했을 때도 성공할 수 있다. 신중한 선택이 미래를 만든다는 것을 잊지 마라.

안정적인
수익 구조 만들기

처음부터 방향이 완벽할 필요는 없다. 일을 시작했다면 수익부터 확보하는 것이 우선이다.

내가 처음 공인중개사로 시작했을 때를 생각해보면, 지금처럼 사무실 전문으로 할 것이라는 확신은 없었다. 그냥 '일단 한번 시작해보고 돈을 벌어야겠다'라는 생각뿐이었다. 홍대에 있는 부동산 공인중개사 사무소에 취업해서 3일째 되는 날, 대학생의 원룸 계약서를 써주었다. 그때 받은 수수료가 50만 원이었는데, 그것이 내 첫 수입이었다.

지금 생각해보면 그 경험은 정말 중요했다. 작은 거래라도 성사시키는 경험을 쌓으면서 자신감을 얻었고, 고객을 상대하는 법을 배웠다. 거기서 3개월을 다니고 나서야 사무실 전문으로 방향을 잡을 수 있었다.

주택과 사무실을 함께 시작하라

왜 처음에는 복합적으로 해야 할까?

빌딩 전문 중개법인에 들어가면 몇 개월은 진짜 일이 없다고 봐야한다. 빌딩 거래는 금액이 크고 복잡해서 신입이 바로 맡기 어렵다. 고객들도 경험 있는 공인중개사를 선호한다. 그럼 그 몇 개월을 어떻게 버틸 것인가?

반면 동네 주택 거래는 진입장벽이 상대적으로 낮다. 원룸, 투룸, 아파트 등 손님은 많고 일을 처음 배우기도 쉽다. 무엇보다 한 달에 몇 건씩 거래할 수 있어 수입이 어느 정도 꾸준하다. 신입도 충분히 할 수 있는 영역이다.

내가 추천하는 방법은 주택으로 시작해서 어느 정도 경험을 쌓고, 점차 사무실로 확장하는 것이다. 주택으로 기본적인 수익을 확보하면서 사무실 거래 노하우를 차근차근 배워나가는 전략이다.

처음에는 중개수수료가 적을 수 있다. 계약을 하면 몇십만 원 수준이다. 하지만 양으로 승부할 수 있다. 본인이 노력해서 열심히 돌아다닌 만큼 계약이 생겨 안정적인 수입을 만들 수 있다.

내가 홍대의 한 부동산 공인중개사 사무소에 처음 취업했을 때, 약 3개월간은 주택 전문 공인중개사로 일했다. 원·투룸 전·월세를 주로 중개했고, 계약 건수 자체는 나쁘지 않았다. 학생들을 상대로 한 전·월세 중개에는 분명한 장점과 단점이 있다. 가장 큰 단점은 이 사철에 수요가 집중된다는 점이다. 성수기에는 일요일에도 사무실에 나와 그냥 앉아 있기만 해도 손님이 들어왔다. 그렇게 일요일에도 계약을 세 건이나 쓰는 날도 있었다. 하지만 이사 시즌이 지나면 상황은 완전히 달라진다. 말 그대로 '손가락을 빨아야 하는' 비수기가 찾아왔다. 또 하나의 한계는 주택 거래만 해야 하는 구조였다. 거래 유형이 제한된 시스템에서는 아무리 열심히 움직여도 계약의 크기와 방향에 한계가 있었다. 결국 나는 3개월 후에 부동산 사수보다 먼저 그 부동산 공인중개사 사무소를 퇴사해 사무실 전문 부동산 공인중개사 사무소로 갔다.

주택 거래로 기본기를 익히고 나면 사무실 쪽으로 서서히 확장해 나가는 것이 좋다. 사무실 거래는 주택 원·투룸에 비해 수수료가 크고, 고객과 신뢰를 쌓으면 2년마다 다시 연락이 오기도 했다.

나는 처음에 10~20평 정도의 작은 소형 사무실부터 시작했다. 스타트업이나 소상공인들이 주요 고객이었다. 이들은 상대적으로 의사결정이 빠르고, 인근 지인들에게 소개도 많이 해준다. 무엇보다 함께 성장해간다는 느낌이 있어 보람이 컸다. 작은 사무실 거래 경험이 쌓이면 점차 규모를 키워나갈 수 있다. 잘되는 손님은 금방 연락이 와서 직원 추가 채용으로 사무실 공간을 확장해야 한다며 큰 빌딩을 찾았다.

행정사로 안정적인 수익을 만들려면 기본 업무부터 확실히 익혀야 한다. 복잡하고 어려운 업무를 욕심내기보다는, 기본기를 탄탄히 다지는 것이 우선이다. 직거래 계약서 작성은 정말 가장 기본이 되는 업무다. 개인 간 부동산 거래할 때 필요한 계약서를 작성해주는 것이다. 건당 10~20만 원 정도로 금액은 많지 않지만, 수요가 꾸준하다. 특히 중개수수료를 아끼려는 사람들이 많이 찾는다. 요새 같은 경우는 당근마켓, 피터팬 같은 직거래 플랫폼으로 개인 간 거래를 할 때 행정사를 찾는다.

몇 명의 행정사 선배들이 공통으로 하는 조언이 있다. "비자를 우선 깔고 가라"라는 것이다. 왜 그럴까?

비자 업무의 장점은 다음과 같다.

첫째, 수요가 지속적이다. 외국인들은 계속 한국에 오고, 체류 자격도 계속 변경해야 한다. 경기 변동과 관계없이 꾸준한 수요가 있다.

둘째, 전문성이 명확하다. 비자 업무는 복잡하고 까다로워서 외국인이 혼자 하기 어렵다. 그래서 비용을 지불하고서라도 전문가에게 맡기려고 한다.

셋째, 업무가 이어진다. 외국인 1명만 잘하면 입소문이 나서 계속 비자 업무가 연결되는 경우가 많다.

비자 업무를 기본으로 깔고, 거기에 다른 업무를 추가해나가는 전략이다. 한 분야에만 의존하면 그 분야에 문제가 생기거나 비수기일 때 문제가 생길 수 있다. 공인중개사라면 '주택 + 상가 + 사무실'을 적절히 조합하고, 행정사라면 '비자 + 법인 + 인허가 업무'를 함께 하는 것이다.

부동산은 계절성이 있다. 봄, 가을에는 거래가 많지만, 여름, 겨울에는 상대적으로 적다. 행정사는 경기 변동의 영향을 받는다. 경기가 좋을 때는 법인 설립이 많지만, 나쁠 때는 줄어든다.

이런 변동성을 고려해서 여러 분야를 균형 있게 가져가야 한다.

안정적인 수익 구조를 만드는 비결은 처음부터 너무 큰 욕심을 부리지 않는 것이다. 큰 거래만 노리지 말고, 작은 거래부터 쌓아가라.

내가 홍대에서 원룸 계약서를 써주며 받은 수수료 50만 원이 지금의 사무실 전문 중개사가 되는 첫걸음이었다. 기본기를 탄탄히 하고, 꾸준히 확장해나가면 반드시 안정적인 수익 구조를 만들 수 있다.

당신이 포기하지 않는다면 차근차근 한 걸음씩 나아가 훌륭한 전문가가 될 수 있을 것이다.

이제는
마케팅 시대다!

8대 전문직도 마케팅 없이는 살아남을 수 없다. 10년 전만 해도 상상할 수 없었던 일이 지금은 너무나 당연해졌다. 변호사가 유튜브를 하고, 의사가 틱톡을 찍고, 공인중개사가 인스타그램으로 매물을 홍보한다. 다양한 전문 직군들도 마케팅 시대에 접어든 것이다. 아무리 실력이 좋아도 알려지지 않으면 의미가 없다. 고객들이 나를 찾아올 때까지 기다릴 수 없는 시대가 되었다.

공인중개사와 행정사도 예외가 아니다. 동네마다 부동산 공인중개사 사무소가 즐비하고, 행정사들도 점점 늘어나고 있다. 이런 경쟁 상황에서 마케팅 없이는 절대 살아남을 수 없다. 나는 블로그를 추천한다. 내가 운영하는 부동산 공인중개사 사무소에서 면접을 볼 때 하나의 조건이 있다. 근무하는 평일 5일 동안 '1일 1블로그'를 할 수 있는가다.

왜 블로그부터 시작해야 할까? 블로그는 가장 진입장벽이 낮은 마케팅 도구다. 글만 쓸 줄 알면 누구나 시작할 수 있다. 비용도 거의 들지 않는다. 네이버 블로그나 티스토리는 무료로 사용할 수 있기 때문이다. 무엇보다 중요한 것은 검색 노출이다. 누군가 '홍대 사무실 임대'나 '마포구 사옥'을 검색했을 때 내 블로그가 상위에 노출되면 자연스럽게 고객이 유입된다.

그럼, 블로그에는 어떤 내용을 써야 할까? 공인중개사라면 '○○ 사무실 ○○평', '○○무권리 상가 ○○동 1층', '사무실 이전 체크리스트' 등 본인이 홍보하고 싶은 매물 키워드를 제목과 블로그 내용에 기입해야 한다. 행정사라면 '외국인 취업비자 가이드', '비영리법인 설립 방법과 절차', '기업 인증·인허가 행정사' 등이다.

핵심은 고객이 궁금해할 만한 내용을 쓰는 것이다. 내 전문 분야와 관련된 정보를 친절하게 설명하면서 자연스럽게 내 서비스를 어필하는 것이다. 네이버에 노출이 잘되는 블로그 운영 노하우는 꾸준함이 핵심이다. 매일매일 빠지지 않고 꾸준히 포스팅하는 것이 중요하다. 한 번에 10개 올리고 한 달을 쉬는 것보다, 조금씩이라도 꾸준히 올리는 게 훨씬 효과적이다.

그리고 내 고객들이 검색할 만한 키워드를 넣어야 한다. '○○비자 신청', '비영리법인 설립', '기업 인허가' 등과 같은 단어들을 키워드로 포함시켜야 한다. 행정사에게 가장 좋은 것은 자신의 실제 성공 사례를 활용하는 것이다.

유튜브는 가장 전문성을 어필할 수 있는 플랫폼이다. 그리고 롱폼보다는 숏폼이 인기가 많다. 한번 만들어놓고 계속 업로드한다면 고객을 끌어오는 자산이 된다. 유튜브 채널을 만들었다면 어떠한 것을 홍보를 할 것인지 콘셉트를 잡아야 한다.

나 역시 예전에 '홍대 만수르'라는 블로그 이름으로 유튜브 채널을 만들어 잠시 운영했었다. 그리고 최근 다시 유튜브의 중요성을 절실히 느끼고 채널을 재정비해 시작하고 있다. 인스타그램이나 유튜브는 유행하는 음악이나 밈을 활용하면 노출 확률이 높아진다. 요즘 같은 세상에는 이제 마케팅은 선택이 아니라 필수가 되었다. 경쟁이 치열해지는 상황에서 마케팅 없이는 살아남기 어렵다.

오늘 당장 블로그를 만들어라. 우선 첫 포스팅을 올려라. 초보인 당신은 완벽하지 않아도 된다. 시작하는 것이 중요하다. 1년 후, 2년 후를 그려보면 지금 마케팅을 시작한 사람과 계속 망설이고 있는 사람의 차이는 엄청날 것이다. 지금이 바로 광고 시작을 준비할 때다.

| 블로그 할 때 참조하면 좋은 내용 및 사이트 |

1. 네이버 맞춤법 검사기 : 단어나 문장의 맞춤법을 검사
2. 글자수 세기(네이버에서 검색) : 블로그는 2,000자 이상이 블로그 노출에 유리
3. 블랙키위(blackkiwi.net) : 키워드 검색량 조회, 분석 사이트
4. 웨어이즈포스트(whereispost.com) : 블로그 게시물의 검색 노출 누락 여부 확인 및 키워드 순위 조회 사이트
5. 블덱스(blogdex.space) : 블로그 지수, 키워드 지수 확인하는 사이트

초보 공인중개사가 하는 실수

올바른
매물 정보 광고

'공인중개사법'이 점점 더 강화되고 있다. 공인중개사협회에서는 과태료가 너무 크다며 개정을 요구하고 있다. 특히 초보 공인중개사가 가장 많이 하는 실수는 매물 광고를 할 때, 필수 정보를 누락하거나 오타를 내는 것이다. 이 경우, 과태료 300만 원이 바로 부과될 수 있다.

국토교통부에는 '부동산광고시장감시센터'가 운영되고 있다. 광고 URL, 스크린샷, 중개업소명, 허위 내용 등을 포함해 누구나 신고할 수 있고, 해당 광고는 직접 조사·모니터링을 거쳐 관할 시·군·구청으로 통보된다. 지자체 공인중개사 담당 부서에서 행정처분을 진행하며, 공인중개사법 제18조의2(중개대상물의 표시·광고) 위반으로 판단되면 최대 500만 원까지 과태료가 부과된다.

매물을 홍보하려면 건축물대장을 열람해 건축물에 관한 용도, 사용승인 일자, 평수 등을 기입해야 하는데 매물 접수만 받고 현장을

(출처 : 국토교통부)

보지 않은 채 광고를 진행하게 되면 누락되거나 틀리게 기입하게 될 수 있다.

일을 잘 못하는 공인중개사들은 전화 한 통 받고는 바로 인터넷에 광고를 올리는데, 이러면 올바르게 잘 인터넷 광고를 했다고 해도 고객에게 연락이 왔을 때 그 매물에 관한 질문에 바로 정확한 답변을 못 하기 십상이다. 고객이 궁금하는 질문에 대답하지 못하고 공인중개사가 '아, 한번 체크하고 연락드리겠습니다'라고 한다면, 전화를 건 고객은 바로 알 것이다. '아, 이 사람은 현장을 보지도 않았구나.'

세상에 부동산 공인중개사 사무소는 차고 넘치는데, 어떤 고객이 이런 게으른 공인중개사에게 가겠는가? 절대로 가지 않을 것이다. 나 역시 집을 구할 때 공인중개사가 저런다면 절대 다시 전화도 하지 않는다.

성공하는 중개사들의 공통점은 하나같이 종일 사무실에 붙어 있는 법이 없다. 손님 만나러, 건물주 만나러, 현장 확인하러 항상 밖으로 돌아다니며 사진도 찍고 매물 보러 다니기 바쁘다. 과거에 "중개사는 말로 먹고산다"라는 말을 지인에게 면전에서 들은 적이 있다. 공인중개사는 참 쉽게 돈을 번다고 말이다. 이건 천만의 말씀이다. 공인중개사는 돌아다니며 발로 먹고산다.

내가 공인중개사 초보 시절에는 매일 밖으로 돌아다니며 매물을 보러 다녔다. 패션 디자이너 시절에는 항상 원단 시장과 공장을 반복하며 돌아다니는 게 너무 힘들었는데, 공인중개사가 되니 더 걷고, 차를 타고 더 멀리 돌아다녔다. 하루 걸음 수는 기본 만 보 이상이었다. 그렇게 홍대 일대와 접수받은 매물을 보기 위해 밖으로 나 돌아다녔다.

초보 시절, 어느 날 약속되지 않은 손님이 내 블로그를 보고 갑자기 사무소로 찾아온 적이 있었다. 보통은 블로그를 보고 어느 매물을 찾고 있고 어느 매물을 볼지, 그리고 언제 볼지에 대해 약속을 잡고 오는데 갑자기 온 손님에 머리가 하얘지며 당황을 했다. 그분은 빠른 입주를 해야 한다며, 홍대와 합정 쪽의 30평대 사무실을 보고 싶다고 하셨다.

나는 그동안 봐둔 매물 리스트를 정리해 손님과 함께 답사를 다녔다. 고객은 대표실과 회의 공간을 만들려면 30평대 사무실이 작고, 곧 직원도 뽑아야 하니 50평대로 바꿔보자고 했다. 순간 식은땀이

났다. 하지만 늘 들고 다니던 노트를 꺼냈다. 혼자 돌아다니며 봐두었던 50평대 사무실 매물들을 빠르게 정리해 안내를 도왔다. 그날, 첫 미팅으로 50평대 사무실 계약이 성사되었다.

만약에 내가 그동안 손님 없는 날에도 돌아다니며 매물을 보고, 찍고, 광고하지 않았다면 미팅을 여러 번 더 했거나, 다른 부동산 공인중개사 사무소에 손님을 놓쳐 계약이 나오지 않았을 텐데, 평소에 열심히 준비한 것이 보람차게 빛을 발한 순간이었다.

요즘 손님들은 눈이 높다. 네이버 부동산, 직방, 다방 등을 다 보고 온다. 잘나가는 공인중개사의 차별화는 바로 여기에 있다. 초보자라 잘 모른다는 이유로 올바른 매물 정보를 기입하지 않고, 여러 가지 정보를 모른 채 브리핑한다면 고객이 얼마나 답답할까. 특히나 입주 가능 날짜와 매물의 옵션 여부 관리비를 정확하게 기입하지 않는다면 브리핑 실수가 일어난다.

사무실에서 전화만 받고 있으면 절대 성공하지 못한다. 성공하는 공인중개사의 법칙은 간단하다. 빠르게 움직이고, 나가서 눈으로 직접 확인하고, 본인이 미리 본 매물에 대해 고객에게 자신 있게 설명한다. 광고부터 올리는 초보와 현장부터 확인하는 베테랑은 시작부터 다르다. 어느 쪽이 되고 싶은가?

오늘부터 당장 바꿔라. 사무실 의자에 붙어 있지 말고 밖으로 나가라. 발품 판 만큼 손님에게 자신 있고 정확한 매물 소개를 할 수 있다. 이것이 잘나가고 돈 많이 버는 공인중개사가 사는 법이다.

임차인·임대인 간
조율 부족

　내가 초보 공인중개사 시절에 몇 번 한 실수다. 몇 년 전, 사옥을 중개해드린 대표님의 본사 건물을 매매할 때 상대방 부동산 공인중개사 사무소의 잘못을 그대로 전달했다가 나까지 신임을 잃어 100억 원대 건물 계약을 코앞에 두고 보류가 된 적도 있다.

　초보 중개사들이 가장 많이 하는 착각이 있다.

　'건물만 잘 보여주고 계약서 빨리 쓰면 끝이지 뭐.'

　공인중개사 일에 뛰어들면 바로 깨닫는다. 부동산 중개는 건물만 중개하는 것이 아니라 사람과 사람을 잇는 일이라는 것을.

　임대인은 누구나 보증금과 월세를 최대한 높게 받고 싶어 한다. 반대로 임차인은 보증금과 월세 부담을 줄이고 싶어 한다. 맞다. 나역시 임차인으로서 부동산을 구할 때 그랬다. 임대인과 임차인의 사이에서 공인중개사가 무엇을 하느냐에 따라 계약이 되기도 하고, 깨지기도 한다. 문제는 임대인과 임차인 사이에서 전화로 쩔쩔매고만 있으면 계약은 성사되지 않는다.

내가 초보 공인중개사였을 때는 계약 전 조율 사항들이 늘 힘에 벅찼다. 건물을 중개하는 일보다 사람과 사람 사이에서 조율하는 일이 훨씬 더 힘들었고, 감정 소모도 컸다.

지금 생각해보면, 그것은 조율하는 방법을 몰랐기 때문이었다.

"임대인이 보증금 1억 원 밑으로는 안 받겠다고 하네요."

"임차인이 8,000만 원이 한계라고 합니다."

이렇게 전화로 앵무새처럼 전달하면 어떻게 될까? 얼굴도 모르는 상태에서 숫자만 오가는 통화라면, 임대인은 자연스럽게 걱정부터 앞선다. '이 정도 보증금도 없는 임차인이라면, 월세는 제대로 낼 수 있을까?' 반대로 임차인 입장에서는 이야기가 다르다. 이 정도 보증금이면 충분하다고 생각하는데, 건물주는 지나치게 욕심이 많아 보인다. 결국 "이 건물은 제외하죠. 다른 데를 보죠"라는 결론에 이른다.

진짜 돈을 잘 버는 공인중개사라면 여기서 멈추면 안 된다. 임대인과 임차인 양쪽 모두를 설득해야 한다.

그럼 잘나가는 공인중개사들은 이 상황에서 핸드폰 통화만 할까? 아니다. 계약을 잘하는 공인중개사라면 직접 임대인과 임차인이 만나는 자리를 만든다. 먼저 가운데에서 조율을 잘하다가 한계에 부딪힌다면 "우선 계약 전 미팅을 하자"라며 내 공인중개사 사무실에서 만나자고 한다. 물론, 이는 마지막으로 조율을 할 때다. 임대인은 계약 전에 어떤 임차인인지 알아보기 좋고, 임차인 또한 건물주의 성향을 정확히 파악할 수 있어 보통은 승낙을 해준다. 물론 예외도 있다.

임차인이 터무니없이 보증금과 월세를 낮추며 고집을 부려 임대인의 기분을 상하게 했다면 만남 자체가 성사되지 않기도 한다. 하지만 그런 경우가 아니라면, 이 미팅을 통해 그동안 안 되던 조율이 풀리고 그 자리에서 계약서를 작성하는 경우도 적지 않다.

초보 공인중개사라면 양쪽 설득이 너무 어려워 계약을 놓치는 경우가 허다하다. 하지만 한 번만 성공해보면 임대인과 임차인의 심리가 보이기 시작하고, 그다음부터 조율은 훨씬 수월해진다. 만약 임대인이 끝까지 높은 보증금과 월세를 고집하는 경우라면, 근처의 시세와 경기의 흐름에 대한 자료를 준비해 직접 보여주며 브리핑하는 것이 좋다. 반대로 임차인이라면 이 보증금과 월세가 결코 높은 것이 아니라는 것을 잘 설명해줘야 한다. 말로만 설명하기보다 자료와 근거를 제시하면 된다. 이를 통해 '아, 이 사람 말이 거짓이 아니구나'라며 설득이 된다.

이 일을 하면서 부동산 계약을 정말 잘해서 한 달에 몇천만 원씩 버는 공인중개사들을 봤다. 진짜 잘나가는 공인중개사들에게는 공통점이 있다.

첫째, 중립을 지키면서도 조율에 적극적이다.

양쪽 편을 모두 들지 않는다. 임대인과 임차인 사이에서 공평하도록 적극적으로 조율한다.

둘째, 말을 짧고 정확하게 한다.

장황하게 입바른 소리로 설명만 하지 않는다. 핵심만 딱 짚어 자료를 만들어 말한다.

셋째, 모든 것을 기록으로 남긴다.

작은 협의 사항 하나라도 반드시 기록한다. 통화 녹음은 기본이고, 가능하면 문자나 카톡으로 남긴다. "내가 언제 그랬냐?"라는 말을 사전에 차단하기 위함이다

계약이란 임대인과 임차인 사이에서 서로 이해할 수 있도록 가운데에서 말을 잘 이어주는 일이다.

공인중개사는 건물만 중개하는 사람이 아니다. 사람과 사람을 연결하는 사람이다. 진짜 부동산 계약은 사람과 사람을 잇는 멋진 일이다.

잘나가는 공인중개사로 오래 이 일을 하고 싶으면 기억해야 한다. 임대인과 임차인이 서로 만족하는 지점을 찾아주는 것이 우리 일이다.

건물을 보여주고 도장 찍는 것만으로는 절대 성공하지 못한다. 사람을 제대로 이어줘야 진짜 전문가가 된다. 그리고 그 계약은 다음 계약, 소개, 전속중개로 이어진다. 이것이 오래 살아남는 공인중개사의 방식이다.

특약사항 누락,
계약서 작성 실수

초보 공인중개사들이 가장 많이 실수하는 부분은, 그동안 열심히 조율해왔던 사항들을 특약사항에 기입하지 않고 빠뜨리는 것이다. 나는 공인중개사로 일하면서, 계약의 세부 조율이 아무리 기본적인 내용이라고 하더라도 반드시 특약에 포함시킨다.

예를 들어, 인테리어에 관한 렌탈프리는 언제 시작해서 언제 끝나는지, 원상복구 사항이 있다면 그 비용을 누가 부담하고 언제까지 완료해야 하는지, 관리비에 포함된 항목은 무엇인지, 옵션이 있다면 어떤 것이 포함되어 있고, 고장이 났을 경우 수리는 누가 책임지는지까지 모두 특약에 명확히 적는다.

사소해 보일 수 있지만, 이런 내용이 특약에 적히지 않으면, 나중에 반드시 누군가는 불만을 제기하게 된다. 그리고 그 불만은 결국 해당 부동산 계약을 진행한 담당 공인중개사에게 돌아온다. 초보 중개사들이 저지르는 전형적인 실수는 말로만 합의하고, 그것을 문서

전속중개계약서

의뢰내용	매각 · 매입 · 임대 · 임차 · 기타 ( )

중개의뢰인(갑)은 이 계약서에 의하여 별표에 표시한 중개대상물의 중개를 중개업자(을)에게 의뢰하고 을은 이를 승낙한다.

1. 을의 의무사항

① 을은 갑에게 문서로서 2주일에 1회 이상 업무처리상황을 통지하여야 한다.
② 을은 중개대상물을 (   )부동산거래정보망에 이 전속중개계약 체결 후 지체 없이
　공개하여야 하며 중개대상물을 공개한 때에는 지체 없이 갑에게 부동산거래정보망 등에 공개한 내용을
　문서로 통지하여야 한다.
③ 부동산중개업법에 따라 중개대상물에 관한 확인·설명의무를 성실하게 이행하여야 한다.

2. 갑의 의무사항

다음의 경우에는 갑은 그가 지불하여야 할 중개수수료에 해당하는 금액을 위약금으로 지불하여야 한다.
다만, ③의 경우에는 중개수수료의 50퍼센트 범위 내에서 을의 소요된 비용을 지불하되 사회 통념에
비추어 상당하다고 인정되는 비용에 한한다.
　① 전속중개계약의 유효기간 내에 을 외의 중개업자에게 중개를 의뢰하여 거래한 경우
　② 전속중개계약의 유효기간 내에 을의 소개에 의하여 알게 된 상대방과 을을 배제하여 거래한 경우
　③ 전속중개계약의 유효기간 내에 갑이 스스로 발견한 상대방과 거래한 경우

3. 유효기간	년　　월　　일부터　　　년　　월　　일까지로 한다.
4. 중개수수료	중개대상물의 거래계약이 성립한 경우 갑은 거래가액의 ( )% 또는 (원)을 중개수수료로 을에게 지급한다. ※ 뒤쪽 별표의 요율을 넘지 아니하여야 한다.
5.중개의뢰인에 대한피해배상 규정	을이 다음의 행위를 한 경우에는 갑에게 그 피해를 배상한다. 1) 부동산 중개수수료의 과다징수 : 차액환급 2) 부동산 중개대상물의 확인·설명을 소홀히 하여 재산상의 피해를 발생하게 　한 경우 : 손해액 배상

6. 이 계약에 정하지 아니한 사항에 대하여는 갑과 을이 협의하여 별도로 정할 수 있다.
7. 이 계약을 확인하기 위하여 계약서 2통을 작성하여 계약 당사자 간에 이의가 없음을 확인하고 각자
　서명·날인 후 쌍방이 1통씩 보관한다.

20　　년　　월　　일

중개의뢰인(갑)	성 명	인	주민등록번호	
	주 소		전화번호	
중개업자(을)	성 명	인	주민등록번호	
	상 호		전화번호	
	주 소		등록번호	

로 남기지 않는 것이다.

'이 정도는 당연히 서로 기억하겠지'라고 안일하게 생각한다. 하지만 계약이 끝나고 이해관계가 충돌하면 싸움으로 번지게 된다. 실제로 사무실 계약 당시 임대인이 주차가 2대 가능하다고 말해 계약을 진행했는데, 계약이 끝난 뒤 갑자기 주차는 1대만 가능하다고 말을 바꾼 적이 있었다. 임차인 입장에서는 난감할 수밖에 없는 상황이었다. 다행히 그때 나는 특약사항에 '주차 2대 제공함'이라고 명확하게 기입해두었고, 임대인도 당시에는 알겠다며 웃으며 동의했기 때문에 문제를 막을 수 있었다. 만약 그 문구가 특약에 없었다면, 임차인은 계약 기간 내내 주차 1대만 사용해야 했을지도 모른다.

부동산 공인중개사 사무소 현장은 종종 어색하다. 서로 웃으며 조율이 잘 끝나고 계약 조건이 합의되면 "좋습니다, 그럼 그렇게 하시죠"라는 말로 분위기가 정리된다. 바로 그 순간이 가장 중요하다. 그때 즉시 특약으로 적어야 하는데, 긴장한 탓에 공인중개사조차도 그 내용을 잊고 넘어가는 경우가 많다. 초보 공인중개사들은 이것을 모르고 '계약서 작성하면서 다 이야기했고, 서로 약속했으니까 괜찮겠지'라고 생각한다. 하지만 그 말들이 시간이 지나도 그대로 기억될까?

잘나가는 공인중개사들은 다르다. 합의가 나오자마자 바로 계약서 특약사항에 기입한다.

"좋습니다. 지금 말씀하신 조건은 서로 합의하신 브분이니 바로 특약으로 적어두겠습니다. 나중에 기억이 달라질 수도 있으니까요."

이 말을 들은 임대인과 임차인은 안심하며 속으로 생각한다.

'이 중개사, 정말 꼼꼼하구나.'

그렇다면 왜 특약을 빼먹고 사고가 날까? 이유는 단순하다. 귀찮아서이거나, 혹은 '계약이 빨리 끝났으면 좋겠다'라는 조급함 때문이다. 하지만 바로 그 조급함이 사고로 이어진다. 부동산 계약은 빨리 끝내는 것이 목적이 아니다. 안전하게 끝내는 것이 목적이다. 특약은 서로 간의 약속을 문서로 남기는 작업이다. 초보 공인중개사가 이 부분을 가볍게 넘긴다면, 그 계약은 언젠가 분쟁으로 터질 수밖에 없다.

나는 몇 년 전에 정말 힘든 계약을 한 적이 있다. 사수조차 예전에 그 매물을 계약한 적이 있어 거기는 절대 계약하지 말라며 뜯어말렸었다. 그분은 계약을 한 부동산 공인중개사 사무소를 계속 괴롭힐 뿐만 아니라 임차인과 담당 공인중개사를 이간질하며 분탕을 친다. 경력도 화려하고 일 잘하기로 소문난 한 어느 한 부동산 공인중개사 사무소 소장님이 그 임대인 매물을 계약했다가, 지속적인 괴롭힘과 폐업 협박에 결국 무릎을 꿇었다는 이야기도 전해 들었다.

그 이야기를 듣고 정말 진행하기 싫은 계약이었지만, 매물지 부동산 공인중개사 사무소로서 안 할 수가 없었기에 참고 진행했다. 역시 들은 것처럼 새로 들어온 신규 임차인과 이간질을 했고, 나에게 협박하며 인격 모독을 퍼부었다. 다행히 나는 계약금 일부가 입금되기 전 모든 협의 사항을 카카오톡과 음성으로 기록해두었고, 미팅과 계약 당일에도 양쪽의 양해를 구해 모든 내용을 녹음했다. 덕분에 소송으로 번질 수 있는 큰 화는 피했지만, 임차인을 흔드는 임대인의 행동 때문에 그 당시 겪은 스트레스와 고통은 이루 말할 수 없었다.

그 이후로 나는 조금이라도 이상한 낌새가 보이면 계약 전, 임대인과 임차인에게 사전 고지를 하고, 녹음을 하며 계약을 진행한다. 올해 초에도 너무 왔다 갔다 말을 바꾸는 임대인 분이 계셨다. 툭하면 "이건 공인중개사가 책임져야지?"라는 말을 하는 임대인이었기에 계약 전 사전에 고지하고 계약 상황을 모두 다 핸드폰으로 녹화했다. 특약사항을 빼먹는다는 것은 공인중개사의 중개 사고다. 돈으로 직결되는 문제니 꼭 습관화하고 꼼꼼하게 기입하고 검토하길 바란다.

참고로 그 임대인은 나중에 건물을 통임대로 계약해줘서 고맙다며 전화가 왔다. 어려운 경기 속에서도 통임대에, 그것도 원하는 금액으로 맞춰주었기 때문이다. 결국 꼼꼼함은 관계를 망치지 않는다. 오히려 오래 남는다.

옵션, 관리비 항목,
시설 내역 중개 사고

10년 전 내가 햇병아리 시절, 사수에게서 들은 경험담이다. 사수는 손님에게 집을 보여주면서, 그때 마침 집에 있던 기존 임차인에게 원룸 옵션이 무엇인지 손님이 보는 앞에서 직접 물어봤다고 했다. 임차인은 "에어컨, 세탁기, 냉장고, 가스레인지"라고 대답했다. 원룸은 흔히 '에세냉가'라고 불릴 만큼 기본 옵션이 갖춰진 경우가 많다 보니, 사수는 그 말을 믿고 그대로 손님에게 현장 브리핑을 진행했다.

이후 임대인에게 전화로 다시 한번 옵션을 확인했을 때도 임대인 역시 "에어컨, 세탁기, 냉장고, 가스레인지가 맞을 것"이라고 답했고, 사수는 그 내용을 그대로 특약사항에 기입했다. 그렇게 원룸 계약은 무사히 끝난 것처럼 보였다. 그런데 며칠 뒤, 그날 집에 있었던 기존 임차인이 사수에게 전화를 걸어 곰곰이 생각해보니 세탁기는 본인 소유라서 이사 나갈 때 가지고 나갈 예정이라는 것이었다.

문제는 임대인도 그 사실을 정확히 모르고 있었다는 점이었다. 해당 빌라는 방마다 옵션 사항이 제각각이었고, 임대인의 대답이 틀렸던 것이다. 결국 원룸 옵션에 대한 잘못된 브리핑과 잘못된 특약사항 기입이 이루어졌고, 그 책임은 누구에게 돌아갔을까? 바로 그 원룸을 중개한 내 사수였다. 명백한 중개 대상물 설명의 실수였기 때문이다.

사수는 울며 겨자 먹기로 본인 돈을 들여 기존에 있던 것과 비슷한 중고 세탁기를 구입해 해당 원룸의 옵션으로 넣어주었다. 이 사례를 보면 아이러니하게도 수수료가 적은 주택 중개에서 오히려 이런 중개 사고가 더 쉽게 발생한다. 특히 관리비에 수도, 인터넷, TV, 공용 전기 등이 포함되어 있는지의 여부를 정확히 주택임대차계약서에 기입하지 않으면 문제가 되기 쉽다. 그래서 주택 거래에서는 크고 작은 중개 사고가 자주 발생한다.

그러면 이런 사고를 어떻게 사전에 막을 수 있을까? 물론 중개 대상물을 접수받을 때 한 번 확인하고, 임대인에게 다시 한번 확인하는 것은 기본이다. 여기에 더해 나는 계약 전에 현재 임차인이나 임대인에게 "이전에 작성했던 특약사항을 그대로 한 번만 보내달라"라고 요청한다. 일종의 더블 체크다. 이렇게 하면 옵션 사항이나 관리비 항목이 상당 부분 정리된다.

관리비 항목을 모호하게 두고, 옵션을 말로만 확인했다가 서류에 적어두지 않으면, 계약한 공인중개사가 본인 돈으로 메꿔야 한다. 초보 공인중개사가 계약서를 작성할 때 가장 먼저 배워야 할 것은 특약사항의 기입이다. 관리비와 옵션은 "나중에 계약할 때 이야기하자"라고 미룰 게 아니다. 중개 사고가 나면 가장 먼저 공인중개사에게 책임을 묻는다. 그렇기에 계약서 내용은 반드시 특약으로 빠뜨리지 않고 기입해야 한다.

나는 예전에 '친절한 안심중개사' 닉네임으로 블로그를 오래 운영한 적이 있다. 친절함은 공인중개사의 미덕이지만 중개 사고를 막아주지는 않는다. 중개 보수 몇십만 원을 벌어보겠다고 중개 사고로 수백만 원을 지출하는 어리석은 선택은 하지 말아야 한다.

상가건물
인허가 체크

　상가건물 계약 시 공인중개사가 주의해야 할 점은 정말 많다. 계약하려는 건축물의 용도부터 설비, 각종 인허가 사항까지 건축물과 관련된 모든 요소를 정확히 알고 있어야 한다. 특히 임차인이 영업을 목적으로 입점하는 경우라면, 건축물의 용도가 해당 업종에 적합한지의 여부를 계약 전에 반드시 미리 확인해야 한다.

　최근 행정사 자격으로 권리금 계약서까지 작성했지만, 원인자부담금이 2,000만 원 이상 발생하면서 결국 부동산 본계약으로 가지 못한 사례가 있었다. 판매시설로 등록된 마트 자리에 일반음식점 계약을 진행한 건이었다. 이 계약을 진행하려면 반드시 일반음식점 용도변경 절차를 거쳐야 했고, 그 과정에서 정화조 증설 등 여러 인허가 문제가 함께 발생했다. 사실 이런 부분은 계약 전에 모두 체크했어야 할 사항이었다.

　당시 일반음식점 손님은 지인 등을 통해 직거래로도 매물을 알아

보고 있었고, 동시에 공인중개사인 나를 통해서도 매물을 이중으로 알아보고 있었다. 그런데 내가 소개한 매물은, 본인이 직거래로 알아본 곳보다 보증금이 5,000만 원이나 저렴했고, 월세도 300만 원이나 저렴했다. 그래서 손님은 나에게 솔직하게 사과를 하며, 직거래로 알아본 금액보다 보증금과 월세, 권리금까지 모두 저렴하다며 나를 통해 계약하고 싶다고 진솔하게 말했다.

하지만 이 계약은 결국 무산되었다. 그래도 나는 오히려 안도의 한숨을 내쉬었다. 만약 이분이 직거래로 권리금 계약을 먼저 진행했다면, 이런 여러 사항으로 부동산 계약이 진행되지 못했더라도 권리금 계약금을 반환받지 못했을 가능성이 컸기 때문이다. 실제로 권리금 계약을 한 날, 그 건물 임대인을 모시고 구청에 찾아가 바로 용도변경을 신청했고, 그 과정에서 원인자부담금이 2,000만 원 이상 발생한다는 사실을 알게 되었다.

이 사례를 통해 알 수 있는 것은 용도변경에 따른 비용이나 행정절차를 사전에 확인하지 않고 계약을 진행하면 임차인이 영업허가를 받지 못하거나, 예상치 못한 비용 발생으로 손해배상 책임까지 이어질 수 있다는 점이다. 도시가스, 정화조 등 기본 인입 시설 역시 반드시 계약 전에 미리 확인해야 한다. 건축물대장에는 이런 설비 현황이 나오지 않는다.

도시가스가 미인입된 건물은 LPG 설치비용이 수백만 원 이상 들 수 있고, 정화조 용량이 부족하면 증설 명령이나 하수도 원인자부담금이 부과된다.

　이러한 시설들은 모두 임차인의 영업에 직접적인 영향을 미친다. 공인중개사는 이러한 여러 사항들에 대해 책임지고 명확히 안내해야 한다. 물론 고객에게도 본인 영업시설에 필요한 인허가는 더블체크로 알아봐야 한다고 미리 고지해야 한다.

　시설이 미비한 경우에는 공사비 부담 주체(원인자 부담금)를 특약으로 구체적으로 명시해야 분쟁을 예방할 수 있다. 건물의 용도를 음식점이나 카페로 바꾸면서 정화조나 하수처리시설을 증설하면, 그 공사비 외에 건축물대장 용도변경 전에 원인자부담금을 미리 납부해야 한다. 이 비용은 수백만 원에서 수천만 원에 이를 수 있고, 사전에 안내되지 않으면 임대인과 임차인과의 분쟁, 그리고 소송으로 이어질 수 있다. 그래서 계약 전에 미리 부담 주체를 명확히 정해야 한다.

　또한 임차인이 부담하는 임대료 외에 부가세가 추가되는지, 관리비 항목은 무엇인지, 정화조 청소비나 기타 부대비용이 있는지도 정확하게 안내하고 특약사항에 기재해야 한다.

| 용도변경 및 인허가 관련 특약 조항에 필요한 내용 |

- "임차인은 영업을 위해 필요한 인허가(용도변경, 위생허가, 소방완비증명 등)를 책임진다."
- "도시가스 인입, 정화조 증설, 전력 증설, 환기시설 설치 등 영업 목적상 필요한 공사 및 이에 따른 비용은 ○○○의 부담으로 한다."
- "본 건의 용도변경 또는 시설 증설로 인해 하수도·전기·가스 등 기반시설 관련 원인자부담금이 부과되는 경우, 그 비용은 ○○○이 부담한다."

공인중개사가 이러한 조항을 명확히 제시했다면, 그 자체가 설명 의무를 다한 증거가 되며, 중개 사고를 안전하게 예방할 수 있다. 상가건물 계약은 복잡하다. 건축물대장 한 장으로는 절대 알 수 없는 정보들이 많고, 정보 하나가 누락되면 수백만 원의 추가비용으로 이어진다. 임차인의 업종, 건물의 용도, 시설 인입, 행정비용, 세금 구조를 모두 종합적으로 검토한 뒤 계약서를 작성해야 한다. 공인중개사의 상세한 설명과 특약 한 줄이 상가 중개의 본질이자 전문성이다.

왜 지금,
행정사를 준비해야 하는가

행정사
자격증이란?

　행정사는 국가전문자격을 갖춘 자로서, 개인이나 법인을 대신해 행정기관에 제출해야 하는 각종 서류를 작성하고 절차를 대행한다. 행정사는 일반인이 직접 처리하기 까다로운 관공서 업무를 원활하게 진행할 수 있도록 돕는다.

　그럼, 구체적으로 어떤 일을 할까? 먼저, 각종 인허가 신청(인허가, 기업 인증, 법인 설립 등) 등 행정 절차에 관한 서류 작성 및 대행 업무를 한다. 또한 출입국·비자 업무, 내용증명 작성, 사실확인서 등 다양한 문서 작성도 맡을 수 있다. 그리고 외국인 비자 일도 하고 기업 관련 인허가 등의 일이 있다.

　쉽게 말해, 행정사는 국민과 행정기관 사이에서 행정 절차에 관한 일을 한다. 개인이 스스로 하기에는 복잡하거나 법적 지식이 필요한 일을 행정사 직업으로 합법적으로 대행한다. 고객의 소중한 시간과 노력을 충분히 절약하게 해준다. 따라서 부동산, 기업, 외국인 비자,

각종 인허가와 관련된 업무 현장에서 행정사의 역할은 점점 더 중요해지고 있다.

행정사 자격시험은 매해 2차 시험에서 분야별로 최소 선발 예정 인원이 정해진다. 일반행정사의 경우, 최근 수년간 최소 선발 예정 인원은 대체로 250명 내외, 외국어번역행정사는 50명 내외다. 해사행정사는 일반행정사나 외국어번역행정사에 비해 최소 선발 예정 인원이 상대적으로 적다.

이는 해사행정사의 업무 수요가 제한적인 데다 응시자 수 자체가 많지 않고, 해운·해양안전심판 등 업무 영역이 고도로 특수화되어 있으며, 면제 및 경력 요건 역시 비교적 복잡하기 때문으로 분석된다. 다만 이러한 특수성은 단점이라기보다 오히려 강점으로 작용해, 해사행정사는 전문성과 희소성이 높은 분야로 평가받고 있으며 충분히 도전해볼 만한 매력적인 직역(職域)이라고 할 수 있다.

행정사 시험은 1차와 2차로 나뉜다. 1차 시험은 객관식 시험으로 비교적 합격률이 높은 편인 반면, 2차 시험은 서술형 필기시험이고 상대평가다. 2차 시험의 합격 기준은 각 과목 40점 이상, 전 과목 평균 60점 이상이다. 이 기준을 충족한 응시자가 최소 선발 예정 인원에 미달할 경우, 평균 점수가 높은 순으로 추가 합격자를 결정한다.

최근 일반행정사 2차 시험의 합격률은 점점 치열해지며, 2025년에는 최초로 한 자리대 9.74%가 되며 급격하게 낮아졌다. 심지어 외국어번역행정사의 경우에는 40명 정원에서 합격이 30명, 해사행정사의 경우 3명에서 2명만 합격했다. 이는 응시자 수가 지속해서 증가한 반면, 최소선발예정인원은 크게 늘지 않았고, 채점 방식이 완전히 달라졌기 때문으로 볼 수 있다.

행정사가 전문직으로 자리 잡아갈수록, 행정사 시험은 더 이상 쉽게 통과할 수 있는 자격시험이 아니라 전문성과 경쟁력을 동시에 요구하는 시험으로 변화하고 있다.

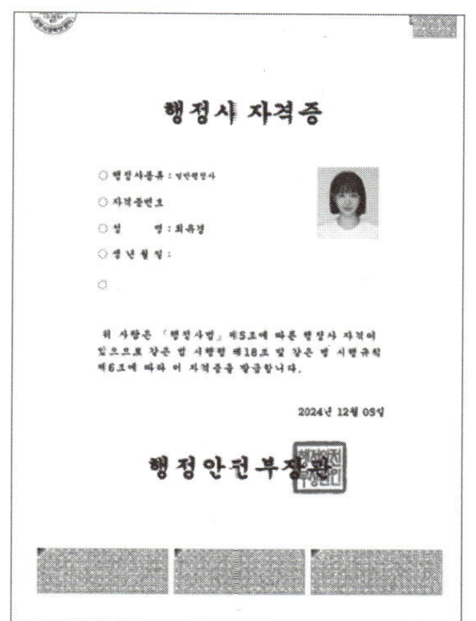

행정사란?

행정사법 제1조는 "행정사(行政士) 제도를 확립하여 행정과 관련한 국민의 편익을 도모(圖謀)하고 행정제도의 건전한 발전에 이바지함을 목적으로 한다"라고 규정하고 있다. 행정사는 다른 사람의 위임을 받아 '행정기관에 제출하는 서류의 작성, 권리·의무나 사실증명에 관한 서류의 작성, 행정기관의 업무에 관련된 서류의 번역'과 작성된 서류의 제출 대행, 인가· 허가 및 면허 등을 받기 위해 행정기관에 하는 신청·청구 및 신고 등의 대리, 행정관계 법령 및 행정에 대한 상담 또는 자문에 대한 응답, 법령에 따라 위탁받은 사무의 사실조사 및 확인 등의 업무를 수행하는 전문 자격사로서 일반행정사, 해사행정사, 외국어번역행정사로 구분한다.

행정사법 제2조(업무)

① 행정사는 다른 사람의 위임을 받아 다음 각 호의 업무를 수행한다. 다만, 다른 법률에 따라 제한된 업무는 할 수 없다.

1. 행정기관에 제출하는 서류의 작성
2. 권리 · 의무나 사실증명에 관한 서류의 작성

3. 행정기관의 업무에 관련된 서류의 번역

4. 제1호부터 제3호까지의 규정에 따라 작성된 서류의 제출 대행(代行)

5. 인가·허가 및 면허 등을 받기 위하여 행정기관에 하는 신청·청구 및 신고 등의 대리(代理)

6. 행정 관계 법령 및 행정에 대한 상담 또는 자문에 대한 응답

7. 법령에 따라 위탁받은 사무의 사실 조사 및 확인

② 제1항에 따른 업무의 내용과 범위는 대통령령으로 정한다.

일반행정사

'행정사법' 제2조 제1항에 규정된 각 호의 업무를 수행한다.

단, 행정기관에 제출하는 각종 서류를 번역하는 일(법 제2조 제1항 제3호) 및 해운 또는 해양안전심판에 관한 업무는 제외한다.

해사행정사

해운 또는 해양안전심판에 관한 법 제 2조 제1항 각 호에 규정된 업무를 수행한다. 다만 법 제2조 제1항 제3호의 번역 업무는 제외한다.

외국어번역행정사

법 제2조 제1항 제3호 및 제4호에 규정된 업무를 수행한다. 즉, 행정기관에 제출하는 각종 서류를 번역하는 일과 번역한 서류를 행정기관 등에 제출하는 일을 수행한다.

부동산 분쟁에서 빛나는
행정사 자격

공인중개사는 부동산 건물의 중개를, 행정사는 서류의 작성 및 제출을 대행한다.

부동산 현장에서 11년 동안 일하면서 내가 깨달은 것은, 공인중개사 자격증 하나로는 앞으로 발전하기에 턱없이 부족하다는 사실이다. 2개의 자격증을 갖추었을 때 고객의 신뢰도는 확실하게 높아진다.

권리금 계약서는 최근 공인중개사협회에서도 뜨거운 논란거리다. 공인중개사는 행정사법 위반 문제로 권리금 계약서를 작성할 수 없다. 따라서 공인중개사 자격증만 있는 사람이 "권리금 계약서만 작성해달라"라는 요청을 받고 직거래 계약서나 권리금 계약서를 대신 작성하면 불법이다.

반면, 행정사는 권리금 계약서와 직거래 계약서를 합법적으로 비용을 받고 작성할 수 있다. 이 사실이 점점 알려져 최근에는 인근 부동산 공인중개사 사무소로부터 요청받아 계약서를 작성하는 사례도 늘어나고 있다. 행정사 자격 없이 공인중개사가 권리금, 직거래 계약서를 작성하고 수수료를 받는 행위가 불법이 된 것이다.

이처럼 부동산 분쟁 현장에서는 공인중개사와 행정사, 두 자격증을 모두 보유한 경우, 시너지가 극대화된다. 합법적으로 직거래 대필 계약서와 권리금 계약서를 작성할 수 있을 뿐만 아니라, 분쟁 상황에서 내용증명 작성까지 활용할 수 있기 때문이다. 이를 통해 건물주들의 분쟁 해결에 도움을 줄 수 있다. 비록 큰돈은 되지 않더라도 인근의 건물주분들의 두터운 신뢰를 얻어 그 건물을 관리할 수도 있다. 결국, 현재 잘나가는 공인중개사라면 행정사 자격까지 갖추는 것이 금상첨화다.

공인중개사에서 행정사까지 이어지는 선택의 이유는 단 하나다. 고객에게 더 완벽한 서비스를 제공할 수 있기 때문이다. 이제는 하나의 자격증만으로는 분명한 한계가 있다. 하지만 2개의 자격증을 갖춘다면, 스스로의 부족한 부분을 보완할 수 있다.

이것이 바로 전문가의 진짜 가치다. 그리고 많은 고객이 당신을 찾는 이유가 되기도 한다. 이 어려운 부동산 시장에서 다른 공인중개사들과 달리 살아남고 싶다면, 지금의 선택이 3년 뒤 당신의 레벨을 완전히 바꿔놓을 것이다. 공인중개사와 행정사, 두 자격증을 가진 진짜 부동산 전문가로 말이다.

'부동산 + 행정'은 고객에게
원스톱 서비스 제공

아직 공인중개사와 행정사의 업무를 원스톱으로 결합해 진행하는 경우는 흔하지 않다. 공인중개사 대표가 직접 행정사 자격을 취득해 양쪽 일을 병행하는 사례가 많지 않기 때문이다. 하지만 두 자격증을 동시에 보유한 경우, 기존 고객에게 제공할 수 있는 서비스의 폭은 크게 확장된다.

나는 11년 동안 빌딩, 사무실 전문 공인중개사로 일하면서, 단순하게 부동산 계약을 중개하는 것에서 그치고 싶지 않았다. 거래 이후에도 고객이 필요로 하는 행정 절차까지 지원하는 체계를 만들고 싶었다. 고객의 부동산 거래와 행정 업무를 유기적으로 연결하는 것이 내가 원하는 진정한 목표다. 그래서 공인중개사 일을 하며 악에 받쳐 행정사 공부를 시작했고, 독학의 실패를 거쳐 학원 모의고사를 치르며 결국 합격하게 되었다.

내가 주로 진행하는 빌딩 임대차를 진행하는 고객층은 100% 사업가다. 부동산 계약에만 관심을 가지는 것이 아니라, 그 이후의 사업 운영과 성장 전략까지 고려한다. 부동산과 직접 연계될 수 있는 행정 수요는 정말 다양하다. 예를 들면, 기업의 신뢰도를 높이는 기업 인증(이노비즈, 메인비즈 등), 사회적 가치를 드러낼 수 있는 비영리법인 설립, 사업 확장을 위한 농업법인 설립, 그리고 외국인 사업가의 경우에는 투자 비자(D-8) 발급과 같은 절차가 뒤따를 수 있다. 이러한 업무는 행정사가 할 수 있는 영역이다. 공인중개사와 결합할 경우, 고객에게는 훨씬 더 체계적이고 전문적인 원스톱 서비스가 제공된다.

마포구 홍대 일대에서 11년 동안 활동하면서 다양한 업종의 기업가들을 만났다. 홍대는 활발하게 외국 자본이 활발하게 유입되고 있다. 실제로 최근에도 전속 관리 중인 건물에 입주한 중국 본사 화장품 회사로부터 한국 시장 진출 확대를 위한 빌딩 매입을 의뢰받은 적이 있다. 이 과정에서 비자(VISA) 업무 역시 함께 논의되었다. 나는 중개 업무를 넘어, 행정사로서 비자 절차까지 지원할 수 있다는 점을 설명했다. 하나의 자격증으로 할 수 없는 법적·행정적 파트너로 자리매김할 수 있는 중요한 차별점이 되는 것이다.

현재 나는 행정사 업무를 적극적으로 홍보하고 있지는 않다. 다만 공인중개사 업무를 통해 만난 기존 고객들로부터 자연스럽게 행정사 일을 수임하고 있다. 계약 이후 이어지는 행정 업무, 예를 들어 내용증명 작성, 법인 설립, 비자 신청, 사실확인증명서 발급 등은 고객의 수요와 직결된다. 공인중개사로서의 전문성에 행정사 업무가 더해질 때, 고객은 종합적인 서비스를 받을 수 있다. 이는 신뢰도를 높이고, 장기적인 고객 관계를 형성하는 데 큰 장점이 된다.

행정사는 다루는 업무의 범위가 매우 넓다. 특히 주거용 부동산보다 사무실과 빌딩을 전문으로 하는 공인중개사에게는 더욱 유리하다. 중개 이후에도 고객의 사업 확장과 운영 과정에서는 수많은 인허가와 행정 절차가 뒤따르기 때문이다. 공인중개사이자 행정사로서 함께 조력한다면, 고객은 시간과 비용을 절약할 수 있고, 중개사는 나처럼 새로운 부가가치를 창출할 수 있다.

앞으로 내가 집중하고 싶은 분야는 정부지원사업이다. 중소기업과 스타트업 사업가들은 다양한 지원 제도를 필요로 한다. 나는 공인중개사이자 행정사로서 고객이 필요로 하는 행정서비스를 직접 제공하고 싶다. 단순한 중개수수료 수익을 넘어, 고객의 성장을 돕는 행정 파트너로 자리매김하는 것이 목표다.

특히 빌딩 중개 분야에서는 이 시너지가 더욱 크다. 공인중개사가 행정사 자격을 갖추는 순간, 중개는 끝이 아니라 시작이 된다. 계약 이후에도 계속 함께하는 전문가로 성장할 수 있기 때문이다.

퇴직 없는 직업,
행정사는 평생 가능하다

　행정사는 정년이 없는 직업이다. 행정사 자격 제도는 독특하다. 오랜 기간 공직에서 근무한 공무원들이 퇴직 후 일정 요건을 충족하면 행정사 자격을 부여받을 수 있다. 과거에는 이러한 경력직 행정사 제도가 널리 시행되어, 행정사 자격을 자동으로 취득한 이들이 많았다. 최근에는 제도가 점차 축소되고 있다.

　현장에는 여전히 연령대가 높고 풍부한 경험을 가진 행정사들이 활동하고 있다. 이 때문에 수험생들은 "경력직 행정사가 이렇게 많으면 시험 출신 행정사가 설 자리가 있을까?"라는 걱정을 한다. 그러나 결론부터 말하자면 그렇지 않다. 시험 출신 행정사 역시 충분히 경쟁력을 가질 수 있다. 행정사가 수행할 수 있는 업무 영역은 매우 넓고, 경력직 행정사들은 자신이 몸담았던 분야와 맞는 영역을 중심으로 활동하는 경우가 많다. 서로의 영역이 겹치기보다는, 오히려 협업으로 이어지는 경우도 적지 않다.

내가 아는 비자 전문 행정사가 있다. 그분은 출입국·외국인청에서 오랜 기간 근무하다가 퇴직 후 행정사 자격을 발급받았다. 현재는 안산 지역에서 외국인 비자 업무를 전문으로 하고 있는데, 나는 그분의 수업을 듣기 위해 두 달 동안 주말마다 안산을 오갔다. 마지막 수업 날, 출입국 인근에 있는 그분의 사무실을 방문했을 때 산처럼 쌓인 비자 서류를 보고 절로 감탄이 나왔다. 수십 년간의 경험과 인맥, 그리고 출입국 행정에 대한 노하우가 결합된 결과다.

지금은 본인 업무만 하는 것이 아니라, 후배 행정사들을 양성하며 비자 교육까지 병행한다. 좋은 분에게 비자 교육을 받았더니 외국인 비자 업무 전반을 체계적으로 마스터할 수 있었다. 당시 함께 교육을 받았던 고령의 행정사분들도 현재는 각자의 사무실을 개업해서 활동하고 있다. 이처럼 경력직 행정사는 자신의 경험을 살려 전문 영역을 구축하고, 시험 출신 행정사들은 교육과 현장 경험을 통해 빠르게 성장할 수 있다.

행정사는 전문직이다. 의뢰인을 확보하기 위해서는 자신을 알리고 신뢰를 쌓는 과정이 필요하다. 따라서 행정사에게 중요한 것은 경력 여부가 아니라 전문 분야에서의 차별화된 역량이다. 어떤 행정사는 출입국 비자를, 또 다른 행정사는 비영리 법인 설립이나 조합 설립 업무를, 그리고 토지 보상이나 기업 인허가 업무를 주력으로 한다. 특정 분야에서 독보적인 전문성을 확보하면 충분히 생계를 유지할 수 있다.

공인중개사는 현장에서 고객을 만나고, 매물을 안내하며, 임장을 통해 계약을 성사시킨다. 이 과정이 대면 중심으로 이루어진다. 반면 행정사는 온라인 홍보와 상담 중심으로 의뢰를 수임하는 경우가 아주 많다. 블로그, 홈페이지, 인스타그램 광고 등을 통해 상담 요청을 받는 방식이 일반적이다.

특히 행정사의 큰 강점은 장소에 구애받지 않는다는 점이다. 사무실에 있든, 집에 있든, 외부에 있든 전화와 이메일만으로 상담이 가능하다. 상담이 잘 이루어지면 곧바로 수임으로 이어질 수 있다. 이것이 바로 행정사가 '정년이 없는 직업'이라고 불리는 이유다. 체력이 허락하는 한, 그리고 상담 능력과 전문성이 유지되는 한, 행정사의 업무는 계속 이어갈 수 있다.

공무원 퇴직 후 자격을 자동으로 취득한 경력직 행정사들이 여전히 현장에 많지만, 이는 시험 출신 행정사의 기회를 가로막지 않는다. 오히려 경력직은 자신의 경험에 맞는 분야를 맡고, 시험 출신은 새로운 수요를 발굴하며 활동할 수 있다. **한 가지 전문성을 갖추면 충분히 살아남을 수 있다.**

중요한 것은 자격증 자체가 아니라, 자격증을 기반으로 자신만의 핵심 무기를 만드는 일이다. 행정사는 스스로 영업하고, 스스로 영역을 개척하며, 스스로 고객을 만들어가는 직업이다. 그 과정에 정년은 존재하지 않는다. 전문성을 기반으로 한 자기 확립만이 행정사로서 오래 살아남는 길이다.

지금, 이 순간이 바로 새로운 인생을 시작할 기회다. 10년 후, 20년 후에도 당당하게 일할 수 있는 전문가가 되는 길. 그 길이 바로 행정사다.

행정사는
2차가 시작이다

　왜 당장 행정사 공부를 시작해야 할까? 행정사 시험을 준비하는 사람들 사이의 온라인 톡방을 보면, 아직도 동차생이 상당히 많다. 그러나 2025년도 제13회 시험 결과를 보면, 민법에서 과락 70% 이상이 나며 평균점수가 합격인데도 민법 과락으로 떨어진 분들이 상당히 많다. 그럼에도 불구하고 주위를 둘러보면 아직도 동차생이 많은 것이 현실이다.

　내가 합격한 2024년도 제12회 행정사 시험의 최종 합격률은 11.37% 였다. 그리고 2025년도 제13회 시험의 합격률은 9.74%. 드디어 한 자릿수 합격률이 나왔다.

　대상 인원 3,376명에서 응시인원은 2,648명이지만 시험을 안 본 이들이 대부분 내년에 재응시를 본다고 생각해보자. 내년 2026년 1차 시험을 합격하는 분들도 바로 동차를 준비하면 내년에는 정말 7%대도 예상해볼 수 있다. 합격률이 하락하는 상황에서도 응시자

제11회 행정사 제2차 시험 합격자 통계

1. 시행현황 및 합격 인원

(단위 : 명, %)

구분	대상인원	응시인원	결시인원	응시율	합격인원(계)		합격률
					일반	전부면제	
계	2,620	2,040	580	77.86	13,197		14.61
					298	12,899	
일반행정사	2,465	1,913	552	77.61	12,896		13.43
					257	12,639	
외국어번역행정사	145	123	22	84.83	74		32.52
					40	34	
해사행정사	10	4	6	40.00	227		25.00
					1	226	

※ 합격률은 일반응시자 기준임(전부 면제 합격 인원 제외).

제12회 행정사 제2차 시험 채점 통계

1. 시행현황 및 합격 인원

(단위 : 명, %)

구분	대상인원	응시인원	결시인원	응시율	합격인원(계)		합격률
					일반	전부면제	
계	3,185	2,431	754	76.32	11,150		12.58
					306	10,844	
일반행정사	3,033	2,313	720	76.26	10,898		11.37
					263	10,635	
외국어번역행정사	140	109	31	77.86	55		36.69
					40	15	
해사행정사	12	9	3	75.00	197		33.33
					3	194	

※ 합격률은 일반응시자 기준임(전부 면제 합격 인원 제외).

제13회 행정사 제2차 시험 채점 통계

1. 시행현황 및 합격 인원

(단위 : 명, %)

구분	대상인원	응시인원	결시인원	응시율	합격인원(계)		합격률
					일반	전부면제	
계	3,542	2,780	762	78.48	13,860		10.43
					290	13,570	
일반행정사	3,376	2,648	728	78.43	13,557		9.74
					258	13,299	
외국어번역행정사	149	120	29	80.53	57		25.00
					30	27	
해사행정사	17	12	5	70.58	246		16.66
					2	244	

※ 합격률은 일반응시자 기준임(전부 면제 합격 인원 제외).

수는 줄지 않았다. 시험은 일정 수준 이상의 준비도를 갖춘 사람만 통과시키는 방향으로 고정되고 있다.

2024년도 12기 동기들의 명함을 받으면 공인중개사를 하는 분들이 정말 많았는데, 2025년에는 작년에 비해 체감상 많지 않았다. 대신 법학 전공자, 다른 전문 자격사 출신, 그리고 전반적인 스펙이 눈에 띄게 뛰어난 분들이 많아졌다. 그렇다면 15회, 16회로 갈수록 다른 전문 자격시험들처럼 더 어려워질 가능성이 크고, 동차 합격은 점점 기대하기 힘든 시험이 될 것이다. 아직까지 대중적으로 널리 알려진 자격은 아니지만, 바로 그렇기 때문에 지금이 기회다. 사람들이 몰리기 전, 시험이 완전히 굳어지기 전에 준비해서 합격하는 것이 가장 현명한 선택이다. 행정사 시험은 분명 지금보다 더 어려워질 것이다.

그래서 바로 지금, 당장 시작해야 한다.

행정사 자격증으로 돈을 벌 수 있을까?

경력직 행정사와
시험 출신 행정사

행정사 시험을 준비하는 사람들 사이에는 늘 이런 걱정이 있다.

'해마다 경력직 행정사가 계속 배출되는데, 시험 출신 행정사들의 자리를 뺏는 건 아닐까?'

나 또한 공부할 때, 그리고 행정사에 처음 합격했을 때 이 걱정을 많이 했다. 하지만 실제 행정사 업무 현장은 이 걱정과는 사뭇 다르게 돌아가고 있다. 우선, 매년 행정사 자격을 얻는 경력직 공무원의 숫자가 많아 보일 수는 있다. 하지만 경력직 행정사 대부분이 자격 취득 후 바로 개업하거나 본격적으로 시장에 뛰어드는 것은 아니다. 공무원 경력이 길었던 만큼, 퇴직 후를 대비해 자격증을 보유해두는 경우가 태반이다. 즉, 행정사 자격을 가진 인원이 많다고 해서 실제 시장에서 경쟁자가 급격히 늘어나는 구조는 아니라는 뜻이다.

또 한 가지, 현장에서 직접 보는 진실은 시험 출신 행정사와 경력직 행정사가 오히려 서로 부족한 부분을 채우며 좋은 시너지를 내는 경우가 많다는 점이다. 이는 경쟁이 아니라 협업에 가깝다. 시험 출신 행정사는 시험 합격을 위해 법령과 실무를 공부로 먼저 이해한다. 반면 경력직 행정사는 오랜 기간 행정기관에서 민원을 직접 처리해온 경험이 있다. 이것은 시험 출신 행정사가 쉽게 가질 수 없는 장점이자 강점이다.

행정기관에서 문서가 어떻게 검토되는지, 어떤 근거가 필요한지, 내부 절차가 어떻게 흘러가는지를 몸으로 알고 있다. 그래서 인허가나 각종 민원, 신청·보완·처리 과정에서 실제적인 노하우가 탄탄한 경우가 많다.

이처럼 두 집단의 강점이 다르기 때문에, 실제 업무 현장에서는 경쟁보다는 협업 구조가 더 자연스럽게 만들어진다. 결국 중요한 것은 자격을 어떻게 얻었느냐가 아니다. 그 자격을 어떻게 사용하고, 어떻게 발전시키느냐가 더 중요하다. 시험 출신이든 경력직이든 자격 취득은 끝이 아니라 시작이고, 그 이후의 공부와 경험, 사례 축적이 실력을 만든다. 그래서 시험을 준비 중이거나 이제 막 자격을 취득한 사람에게는 이렇게 말해주고 싶다.

"경력직이 늘어난다고 해서 걱정할 필요는 없다."

행정사 시장은 경쟁으로 갈라지는 구조가 아니다. 서로의 경험과 전문성이 겹치지 않는 만큼, 협업이 큰 힘이 되는 직역(職域)이다. 실제로 일반행정사와 외국어번역행정사가 협업하는 경우도 많다. 그리고 그 구조 속에서 각자의 방식으로 실력을 쌓아가는 사람은, 결국 시장 안에서 자연스럽게 자기 자리를 찾게 된다.

자격증만 따면
수익이 발생할까?

지금도 행정사 공부를 하는 사람들은 불안감을 느낀다. 행정사 자격증만 따면 내가 지금 일하는 회사의 연봉만큼, 아니면 내가 운영하는 이 매장만큼의 돈은 벌 수 있을까 하는 의문이 들기 때문이다. 하지만 현실은 "일하지 않는 자, 돈 벌 자격이 없다"라는 말처럼 절대 녹록지 않다.

지금도 나에게 "행정사는 뭐 하는 자격증이에요?"라고 묻는 사람이 있을 만큼, 행정사는 아직 인지도가 낮은 자격증이다. 그래서 많은 행정사들이 블로그와 각종 SNS를 통해 스스로를 알리기 위해 노력한다. 어떤 이는 1년을, 어떤 이는 3년을 버텨야 비로소 안정적인 수익 구조가 만들어진다고 말한다. 즉, 다른 자격사와 마찬가지로 자격증만 취득했다고 해서 자동으로 수익이 발생하는 구조는 아니다. 요즘 대부분의 전문직이 그렇듯, 피 터지게 자신을 알리고 홍보하며 광고하지 않으면 시장에서 살아남기 어렵다.

고객이 행정사를 찾아 비용을 지불하는 이유는 분명하다. 내가 이 일을 하지 못하거나, 할 시간이 없거나, 비용을 지불하더라도 내 시간을 아끼고 싶기 때문이다. 행정사 자격증을 취득한 뒤 비교적 이른 시기에 업무를 맡게 된 계기도 몇 년 전 사옥 중개를 통해 알게 된 대표님 덕분이었다. 내가 이제 막 행정사 시험에 합격한 초보라는 사실을 알고 계셨음에도 불구하고 바로 일을 맡기셨다. 이유는 단순했다. 그분은 "비용을 지불해서라도 제 시간을 아끼고 싶어서요. 일이 바빠 직접 할 시간이 없습니다"라고 하셨다.

고객 입장에서 비용을 지불하고 행정사를 통해 업무를 진행하는데, 서류가 계속 반려되고 절차가 지연되며 소통마저 원활하지 않다면 굳이 행정사를 통해 일을 처리할 이유가 없다. 나라면 그런 사람에게 다시 일을 맡기지 않을 것이다. 반대로 혼자 진행하다가 지체된 허가를 해결해주고, 복잡한 행정 절차를 이해하기 쉽게 설명하며, 문제가 생겼을 때 명확한 해결책을 제시하는 사람이라면 이야기는 달라진다. 그런 행정사는 자연스럽게 소개가 이어지고, 재의뢰가 발생하며, 장기 고객을 확보하게 된다.

최근 새로 미팅한 한 대표님 역시 공연장 등록 업무를 의뢰하며 이렇게 말했다.

"행정사 수임 비용을 지불하더라도 행정사님께 전화를 드린 이유는, 저보다 더 꼼꼼하고 세밀하게 어려운 절차를 진행해주실 거라 믿었기 때문입니다."

이 말은 지극히 당연한 이야기다. 결국 행정사 자격증으로 돈을 벌기 위해서는 고객보다 행정사인 내가 더 잘 알아야 한다. 그래서 끊임없이 공부하고 발전해야 하며, 동시에 피 터지게 나를 알리고 홍보해야만 고객의 전화를 받고, 미팅을 하며, 수익을 만들 수 있다.

그러니 초반에는 버티자. 내가 행정사로서 버티며 살아갈 수 있는 약속의 시간까지!

행정사로
취업할 수 있을까?

"행정사 자격증으로 취업할 곳이 있을까요?"라는 질문을 자주 받는다. 결론부터 말하면, 행정사 자격증은 취업용 자격증이라기보다 개업을 전제로 한 자격증에 가깝다. 행정사는 변호사나 회계사 전문직처럼 대형 조직에서 대규모 채용이 이루어지는 구조가 아니며, 행정사 법인이나 합동 사무소에서도 상시로 인력을 채용하는 경우는 많지 않다. 따라서 자격증 취득만으로 안정적인 취업을 기대하는 것은 현실과 거리가 있다.

다만 그렇다고 해서 취업이 전혀 불가능한 자격증은 아니다. 행정사는 행정기관을 상대하는 실무 중심 직업으로 행정사 자격증은 다양한 영역에서 실무 역량을 증명하는 수단으로 활용될 수 있다. 취업은 행정사법인 소속 행정사로 근무하는 경우 기업 행정 인허가를 다루는 관련 업체로 취업하는 사례가 존재한다. 또한 기존 직무에 행정사 자격증을 결합해 전문성을 보완하는 방식으로 활용되기도 한다. 즉, 행정사 자격증은 취업 그 자체라기보다는 취업의 가능성을 넓혀주는 자격에 가깝다. 내가 자격증을 바탕으로 어떤 행정 업무를 수행할 수 있는지를 설명할 수 있어야 한다. 자격증으로 취업을 보장하지 않는다. 그러나 능력과 방향성이 분명한 사람에게는 충분히 기회를 만들어낼 수 있는 멋진 자격증임에는 틀림없다.

행정사 합동 사무소 개업과
법인 행정사 사무소 취업

• 합동 사무소

행정사는 제2조에 따른 업무를 효율적으로 수행하고 공신력(公信力)을 높이기 위해 2명 이상의 행정사로 구성된 합동 사무소를 설치할 수 있으며, 행정사 합동 사무소를 구성하는 행정사의 수를 넘지 않는 범위에서 주사무소와 분사무소(分事務所)를 설치할 수 있다. 이 경우, 주사무소와 분사무소에는 행정사 합동 사무소를 구성하는 행정사가 각각 1명 이상 상근해야 한다.

• 행정사법인

행정사는 제2조에 따른 업무를 조직적이고 전문적으로 수행하기 위해 3명 이상의 행정사를 구성원으로 하는 행정사법인을 설립할 수 있다. 행정사법인은 법인구성원의 수를 넘지 않는 범위에서 주사무소와 분사무소를 설치할 수 있다. 이 경우, 주사무소와 분사무소에는 각각 1명 이상의 법인구성원이 상근해야 한다. 행정사법인은 사무소의 명칭 중에 행정사법인이라는 글자를 사용해야 하고, 행정사법인의 분사무소에는 그 분사무소임을 표시해야 한다. 행정사법인이 아닌 자는 행정사법인 또는 이와 비슷한 명칭을 사용하지 못하며, 행정사법인의 사무소나 그 분사무소가 아니면 행정사법인이나 그 분사무소 또는 이와 비슷한 명칭을 사용하지 못한다.

합동 행정사 사무소의 경우에는 보통 본점과 지점을 나누어 운영하며, 각 행정사는 독립된 사업자 지위를 유지한 채 동일한 간판과 브랜드를 사용하고 업무를 협업하는 구조를 가진다. 행정사법인은 구조가 완전히 다르다. 법인에 소속된 행정사는 개인 사업자가 아닌 '소속 행정사'로 근무하게 되며, 수익 구조 역시 법인 중심으로 설계되어 있다. 알려진 일반적인 구조는 법인이 80%, 소속 행정사가 20%의 비율로 수익을 배분하는 방식이며, 소속 행정사가 본인 명의로 직접 수임한 업무에 대해서만 5:5로 정산하는 경우도 있다.

그럼에도 전체적으로 보면 소속 행정사의 보수는 기대보다 낮게 느껴지는 경우가 많다. 이러한 구조는 공인중개사 사무소와 비교하면 차이가 더욱 크다. 공인중개사의 경우, 소속 공인중개사에게 월 고정비용을 받지 않는 구조가 일반적이고, 식대와 광고비 지원이 이루어지는 경우도 많다. 인센티브 역시 5:5 배분이 일반적이어서 성과에 따른 보상이 비교적 큰 편이다. 나는 곧바로 내 부동산 공인중개사 사무소에 행정사 사무소를 개업하는 선택을 했지만, 실무를 많이 배우고 싶은 사람이라면 처음부터 단독 개업을 하기보다는 선배 행정사들이 있는 합동 행정사 사무소에서 경험을 쌓는 방식을 추천하고 싶다. 동기들끼리의 협업보다 이미 실무를 겪어온 선배들과 함께 일을 하며 배우는 구조가 장기적으로 더 큰 성장을 가져올 가능성이 크기 때문이다. 법인의 경우 더 많은 다양한 일을 실무적으로 배울 수 있는 장점 또한 있으니 고려해보자.

시장은 변해도 행정사 직업은
사라지지 않는다

AI 시대에 행정사는 살아남을 수 있을까? 출입국 업무를 전문으로 하는 선배 행정사들의 공통된 의견은 "AI가 대체하기 어렵다"라는 것이다. 출입국 행정은 구조적으로 모든 비자 업무를 전자화하거나 AI로 대체하는 것이 불가능한 영역에 가깝다. 비자는 단순한 신청 절차가 아니라, 체류 목적과 사실관계, 활동 내용, 과거 이력 등을 종합적으로 판단해야 하는 업무이기 때문이다. 이 때문에 출입국 업무에서 행정사의 역할이 사라질 가능성은 매우 낮다.

다만, 행정사가 사라지지 않는 이유는 출입국 분야에만 국한되지 않는다. 행정사 직역 전반에는 AI로 대체되기 어려운 구조적 이유가 분명히 존재한다.

첫째, 행정사 업무는 단순한 문서 작성이 아니라 '법령을 전제로 한 행정 절차의 대행'이다. AI는 문장을 생성하고 형식을 맞출 수는 있지만, 행정기관에 제출되는 신청·신고·이의제기·진정·청원과 같은 절차 행위의 주체가 될 수는 없다. 판단의 주체도, 책임의 주체도 될 수 없다는 점에서 AI는 구조적인 한계를 가진다.

둘째, 행정 업무는 표준화된 시스템처럼 보이지만 실제로는 재량 행위가 있는 영역이다. 동일한 법령, 동일한 민원이라고 하더라도 지역에 따라, 담당 부서와 담당 공무원의 해석에 따라, 신청인의 상황에 따라 요구되는 서류와 판단 기준이 달라지는 경우가 빈번하다. 실제로 농업법인 설립 업무를 수행하며, 지역별 담당자마다 행정의 결이 다르다는 점을 여러 차례 체감했다. 행정사는 이러한 상황 속에서 절차와 보완 방향을 선택한다.

셋째, 행정 절차는 단순히 접수 여부로 끝나지 않는다. 보완 요구, 추가 소명, 반려 대응, 이의제기, 행정심판 등 후속 절차로 이어지는 경우가 많다. 어떤 사실을 강조할지, 어떤 자료를 제출할지, 어떤 표현이 행정청의 판단에 영향을 미칠지를 결정하는 과정은 현재의 AI 기술로 대체하기 어려운 영역이다.

결국 AI는 행정사의 일을 빼앗는 존재라기보다 반복적이고 단순한 작업을 줄여주는 도구에 가깝다. 기본 서식 작성, 자료 정리, 법령 검색 등은 AI의 도움을 받을 수 있지만, 그 위에서 판단하고 책임지는 행정사의 고유 영역은 여전히 남아 있다. 그래서 AI 시대에도 행정사의 직업은 사라지지 않는다.

타 전문직들이
행정사를 취득하는 이유

　최근에는 법무사, 노무사, 손해사정사, 감정평가사 등 이미 본업 자격을 가진 전문직이 행정사 자격을 추가로 취득하는 사례가 늘고 있다. 실제로 12기 시험에서는 미라클 모닝 오프라인 스터디방에 감정평가사분이 계셨다. H사 행정절차론을 교육하시는 이현우 감정평가사님도 행정사 자격증을 취득하셨다. 그리고 동기들 중 2명이 법무사 현업에서 행정사 자격을 취득했다. 13기에서도 노무사, 법무사 심지어 피부과 성형외과 원장님까지 일반행정사 자격증을 취득하셨다. 많은 전문직들이 행정사로 유입되는 이유는 행정사가 특정 산업에 한정된 자격이 아니라, 행정기관을 상대로 하는 각종 절차에서 활용 범위가 광활하게 넓기 때문이다. 법무사가 행정사 자격을 함께 취득하는 이유는 업무 경계가 서로 연결되어 있기 때문이다. 법무사의 강점이 등기와 법원 제출 서류 등에 있다면, 행정사는 비영리법인 설립·변경, 각종 인허가, 행정기관 대응 등 행정 절차가 필요한 영역에서 강점을 가진다. 이처럼 두 자격은 각자의 고유 영역을 유지하면서도 협업 구조를 만들기 쉽다.

노무사의 경우에도 '노무 대행' 자체를 행정사가 수행하는 것은 아니며, 행정 절차 관련 서류의 작성·제출 구간에서 연계가 발생할 수 있다. 즉 "노무사의 고유 업무를 행정사가 대신한다"가 아니라, 행정 절차 구간에서 협업이 가능하다는 취지로 서술하는 것이 바람직하다(행정사는 다른 법률로 제한된 업무는 수행할 수 없다). 손해사정사 역시 보험·손해 분야의 실무에서 행정처분, 공적 기준, 공공기관 제출 자료가 함께 요구되는 면이 적지 않아, 행정 서류의 정리·제출 구간에서 행정사 업무와의 결합이 이루어질 수 있다. 타 전문직의 행정사 자격 취득은 '업무 침범'이 아니라, 각 전문 영역을 유지하면서 행정 절차 구간을 보강하기 위한 선택으로 해석하는 편이 타당하다. 행정사의 강점은 결국 행정기관 단계에서의 서류·절차를 정확하게 설계하고 실행하는 데 있다.

행정사 TOP 1위,
월 2억 원 버는 행정사는 누구인가?

"행정사를 하면 돈을 벌 수 있을까?"

행정사를 준비하는 수험생이라면 한 번쯤은 이와 같은 질문을 하게 된다.

아직 대중적 인지도가 높지 않은 직업인 만큼, 행정사를 알고 공부를 시작한 수험생일수록 이러한 불안감에 먼저 휩싸이게 된다. 공부하던 당시의 나 역시 이 질문에서 자유롭지 못했다.

합격 이후 인생의 방향을 바꾼 한 번의 만남

12기 행정사 합격자 환영회 이후, 감사한 인연이 찾아왔다. 행정사법인 민행24의 박준규 행정사가 12기 합격자들을 위해 행정사의 실제 업무와 현실을 주제로 무료 강연을 진행해주셨고, 그 자리를 통해 처음 인연을 맺게 되었다. 박준규 행정사는 행정사의 가능성만을 이야기하기보다, 본인 역시 처음에는 행정사 직업으로 자리 잡기

민행24 박준규 행정사 (출처 : 저자 제공)

까지 쉽지 않았다는 점, 행정사 일을 시작하는 초반에는 기존의 본업을 성급히 포기하지 말고 반드시 버텨야 한다는 현실적인 조언을 아끼지 않았다.

그 조언 덕분에 나는 올해 중개법인을 폐업하지 않고, 부동산과 행정을 결합한 원스톱 서비스를 만들기 위해 포기하지 않고 노력하고 있다. 또한, 행정사 후배들에게 선한 영향력을 전하며 무료 강연을 이어가고 있고, 유튜브 등 다양한 채널을 통해 행정사의 실제 업무를 적극적으로 알리고 있다.

민행24는 단순한 민원 대행을 넘어, 기업 행정 솔루션을 구축해왔다. 기업 행정, 정부지원사업, 정책자금, 공공조달, 비영리법인 설립 등 기업 운영 전반을 아우르는 행정 솔루션을 제공하며, 중소·중견 기업 현장에서 쌓은 전문성을 바탕으로 행정사의 역할과 영역을 실질적으로 확장해온 곳이다. 그 결과, 정책자금 약 2,500억 원, 정부지원금 약 3,800억 원, 공공입찰 1,200억 원 이상이라는 압도적인 실적을 기록했다.

행정사를 하나의 전문직으로 정립하겠다는 비전이 참 멋진 분이다.

박준규 행정사는 "행정사는 단순한 민원 대행자가 아니라, 기업의 성장과 지속 가능성을 함께 설계하는 동반자"라고 말한다. 이 비전 아래 민행24를 설립했고, 국내 최초 관공서 협업 기반 민원상담 센터 운영기관 지정, 업계 최초 ISO 인증 취득, ESG 기반 행정서비스 표준화 등을 통해 행정서비스 산업의 새로운 기준을 만들어가고 있다. 현재는 대전 본점을 중심으로 전국 5개 직영 지사를 운영하며, 160개 이상의 기업 행정·기장 업무를 수행하고 있다.

박준규 행정사는 산업통상자원부, 국토교통부, 정보통신 분야 공공기관 평가위원을 비롯해 대한행정사회 부회장, 정책연구소장 등으로 활동하며 전문성을 인정받고 있다. 저서로는 《창업 7년 차, 잘 나가는 기업의 비밀》, 《정부지원사업 공략집》, 《당신의 기업을 밸류업하라》 등이 있으며, 최근에는 《35조, R&D 전쟁에서 살아남아라!》를 출간했다. 또한 산업통상자원부장관 산업발전 유공, 기획재정부장관 행정 업무발전 유공, 고용노동부장관 일자리 창출 부문 등 다수의 정부포상을 수상했다.

행정사를 꿈꾼다면, 반드시 들어야 할 강연

나는 지금도 민행24 박준규 행정사를 보며 '언젠가는 나 역시 굳건히 자리를 잡아야겠다'라는 목표를 마음에 새기고 있다. 행정사를 공부하고 합격을 꿈꾸고 있다면, 민행24 박준규 행정사의 강연을 반드시 한 번쯤 들어보길 바란다. 행정사의 현실과 가능성, 그리고 살아남는 방법을 이보다 더 솔직하게 들을 수 있는 기회는 흔치 않다. 절대 후회하지 않을 것이다.

행정사
업무 리스트

권리금 계약서,
직거래 계약서

행정사 업무는 3,000가지 이상으로 매우 다양하다.

하지만 공인중개사와 행정사를 겸업한다면, 개업 후 비교적 바로 시작하기 쉬운 기초 업무 중 하나가 바로 권리금 계약서 작성이다. 권리금이 있는 부동산 계약이라면 이것은 행정사의 영역으로서 행정사가 할 일이다. 수임도 간단하고 기본 10만원부터 프랜차이즈 상가건물 큰 계약은 100만원 이상의 권리금 계약서 작성만으로 금방 끝날 수 있는 행정사의 기초 업무라고 할 수 있다. 권리금에는 바닥권리, 시설권리가 있는데 시설이 있는 권리금 계약서라면 집기 비품의 품목을 받아 사실확인서까지 같이 작성해주면 좋다.

공인중개사가 반드시 유의해야 할 점이 있다. 공인중개사가 권리금 계약서를 직접 작성하는 순간, 행정사법 위반 소지가 발생할 수 있다는 것이다. 실제로 대법원 2024. 4. 12. 선고 2024도1766 판결에 따르면, 권리금 계약서 작성은 공인중개사의 임대차 중개 업무 범위에 포함되지 않으며, 행정사법에 따른 행정사의 업무 영역에 해당한다고 명확히 판시했다. 즉, 권리금 계약은 임대차 중개와 분리되어 행정사의 업무라는 판결이다.

내용증명
작성

내용증명은 내가 행정사 업무를 시작하면서 건물주에게 쉽게 받은 업무 중 하나다. 이 업무의 핵심은 수입이 아니고 '공인중개사 × 행정사'로서 내용증명을 작성할 수 있다는 사실 자체가 공인중개사를 한 단계 끌어올려주는 카드가 된다. 내용증명이란 발신인이 수신인에게 어떤 사실이나 의사를 통지하는 것으로, 우체국이 공적으로 증명해주는 제도다. 하지만 행정사는 문서 작성 대행까지만 가능하고, 의뢰인의 의사를 대신 결정하거나 대리 발송하는 행위는 위법이다. 행정사 사무소 명의로 내용증명을 발송하거나 의뢰인 대신 상대방에게 연락해 조정하는 행위는 변호사법 위반이므로, 위임인이 부탁했다고 해서 행정사 명의로 대리 발송은 절대 안 될 일이다.

내용증명은 우체국이 발송 사실과 문구를 공적으로 증명해준다. 이 제도는 나중에 분쟁이 발생했을 때 '이런 내용이 이 시점에 전달되었다'라는 사실을 입증하는 중요한 증거만 될 뿐 법적인 강제력은 없다. 그러므로 내용증명을 발송했다고 해서 권리의 발생이나 변경, 소멸을 일으키지 않는다. 내용증명으로 계약 해지 통보를 언제 했다는 시점의 증명과 어떤 내용이 상대방에게 전달되었는지에 대한 통지의 증명, 그리고 상대방이 그 사실을 알고도 이행하지 않았다는 입증의 근거다.

내용증명 작성 일을 받았다면 동일한 문서 3부를 작성한다. 1부는 발신인 보관용, 1부는 수신인 송달용, 그리고 마지막 1부는 우체국 보관용이다. 우체국은 발송 일자와 문구를 증명하며, 발신인의 의사표시가 적법하게 이루어졌음을 확인할 수 있다. 이로써 소송 진행 시에는 증거자료로서 효력이 있다.

최근에는 경기 침체로 인해 임차인이 월세를 3기 이상 미납한 경우, 건물주가 행정사를 통해 계약 해지 통보용 내용증명을 의뢰하는 사례가 증가하고 있다. 공인중개사 자격을 함께 가진 행정사라면, 중개 과정에서 발생한 분쟁이나 계약 해지 건을 자연스럽게 연결해 내용증명 작성 수임으로 이어지는 구조를 만들 수 있다. 블로그 홍보보다 실제 거래 과정에서 직접 연결되는 일이 많아지는 셈이다.

내용증명은 상대방에게 심리적 압박을 주는 동시에 법적 증거로 남는 중요한 절차다. 그러므로 내용증명 작성 시에는 법률용어의 사용과 사실관계의 정확성이 무엇보다 중요하다. 특히 부동산 임대차와 관련해서는 해지 통보일자와 수신 여부가 임차인 명도소송에서 핵심 증거가 되는 사전 경고장 역할을 한다.

내용증명 예시문(부동산 임대차계약 해지 통보)

제목 : 임대차계약 해지 통지의 건

1. 발신인

   (주소 :   )

2. 수신인

   (주소 :   )

3. 제목 : 부동산 임대차계약해지 통보

소재지 :

계약 내용 :

임대 기간 :

— 아래 —

1. 귀하의 무궁한 발전을 기원합니다.

2. 발신인 본인은 ○○○○년 ○○월 ○○일 수신인과 위와 같은 내용으로 부동 산 임대차계약을 체결하였습니다

3. 귀하께서는 상기 임대료를 3기 이상 미납하여 본인은 귀하와의 임대차계약의 계약해지 사유에 해당함을 알려드립니다. (미납액 : 금   원)

4. 수신인은 오는 ○○○○년 ○○월 ○○일까지 임대료를 조속히 납부해주시길 바랍니다.

5. 상기 일자까지 연체된 임대료의 납부가 완료되지 않을 경우 ○○○○년 ○○ 월 ○○일부로 계약종료로 처리되어 이에 따라 임차인은 조속히 시일 내 위 부동산을 원상으로 회복하여 반환하여 주시길 바랍니다.

(기타 추가)

발신일자 : ○○○○년 ○○월 ○○일
발신인 서명 또는 날인 : ○○○ (인)

정책자금,
정부지원금

나는 2027년을 목표로 새로운 사업을 위한 사업계획서를 조금씩 준비하고 있다. 다만 현재는 업무가 바빠 앱 개발을 위한 상표등록만 먼저 진행해둔 상태이고, 본격적인 사업 준비는 잠시 미루어두고 있어 아쉬움이 크다. 기회가 된다면, 내가 직접 기획한 별도의 앱 사업을 정부지원금을 활용해 추진해보고 싶다는 생각도 하고 있다.

홍대에서 사무실 임대 현장을 다니다 보면, 기업부설연구소를 보유한 기업을 심심치 않게 마주하게 된다. 기업부설연구소는 그 자체로 정책자금을 보장하는 제도는 아니지만, 이후 정책자금 심사 과정에서 활용되는 사전 요건 또는 우대 요소로 기능하는 경우가 많다. 이 때문에 메인비즈, 이노비즈와 같은 각종 인증 역시 차후 정책자금 심사에서 기업의 평가 구조를 유리하게 만드는 역할을 한다.

공인중개사로서 사무실이나 사옥 중개를 마친 이후, 이러한 행정사 영역까지 자연스럽게 업무를 확장할 수 있다는 사실을 현장에서 체감할 때마다, 나는 부동산과 행정을 함께 다룰 수 있다는 점에 감사하다.

정부지원금과 정책자금의 차이

정부는 매년 중소기업과 소상공인의 경쟁력 강화를 위해 다양한 형태의 재정 지원 제도를 운영하고 있다. 이러한 제도는 정부지원금(보조금)또는 정책자금으로 구분된다. 이름은 비슷하지만, 그 성격과 운영 방식은 다르다.

정부지원금은 말 그대로, 대체로 상환 의무가 없는 무상 지원금이다. 정부나 지자체가 특정 정책 목표를 달성하기 위해 기업 또는 개인에게 지급하는 형태다. 연구개발비, 창업지원금, 고용유지보조금, 수출바우처 등이 있다. 정부지원금은 사업의 목적에 맞는 사용만 허용되며, 사업 종료 후에는 결과보고서나 정산보고서를 반드시 제출해야 한다. 만약 지원금을 다른 용도로 사용하거나 허위로 수령한 사실이 적발되면, 부정수급으로 간주되어 지원금 전액 환수 및 향후 지원사업 제한 등의 제재를 받게 된다.

정부지원사업을 수행할 때는 사업계획서의 목적, 예산 사용 항목, 사후 관리 요건을 면밀히 검토하고 작성해야 한다. 정책자금은 무상 지원이 아니라 정부가 운영하는 저금리 대출 형태의 자금이다. 이는 기업의 경영 안정을 돕고, 성장 단계에 맞춘 자금 유통을 위해 운용되며, 대출 형식이기 때문에 원금과 이자를 상환해야 한다.

하지만 정책자금은 일반 금융기관의 대출과 달리 금리가 낮다. 그리고 담보 없이 신용보증기금이나 기술보증기금의 보증 연계로 대출이 가능한 경우도 있다. 또한 기업 상황에 따라 거치 기간이나 장기 상환 조건이 제공되기도 한다. 정책자금은 자금의 성격에 따라 운전자금, 시설자금, 창업자금, 재도전자금, R&D 기술개발자금 등으로 나뉜다.

이처럼 정부지원금은 상환 의무가 없지만, 정책자금은 대출 형식으로 상환 의무가 있다. 둘 다 기업의 성장을 위한 공공재정이지만, 성격이 다르기 때문에 접근 방식과 준비 절차도 달라야 한다.

행정사는 정책지원금과 정책자금의 차이를 정확히 이해하고, 의뢰 기업의 상황에 따라 정부지원사업과 정책자금 중 적합한 제도를 판단해 행정 절차를 설계한다.

정부지원사업 신청 과정에서 행정사는 신청 자격 검토, 행정기관 제출용 사업계획서 작성, 관련 신청 서류의 정리·제출을 대행할 수 있다. 이때의 사업계획서 작성은 행정기관이 요구하는 형식과 기준에 맞춘 행정 서류 작성에 한정된다.

(출처 : 중소벤처기업진흥공단 www.kosmes.or.kr)

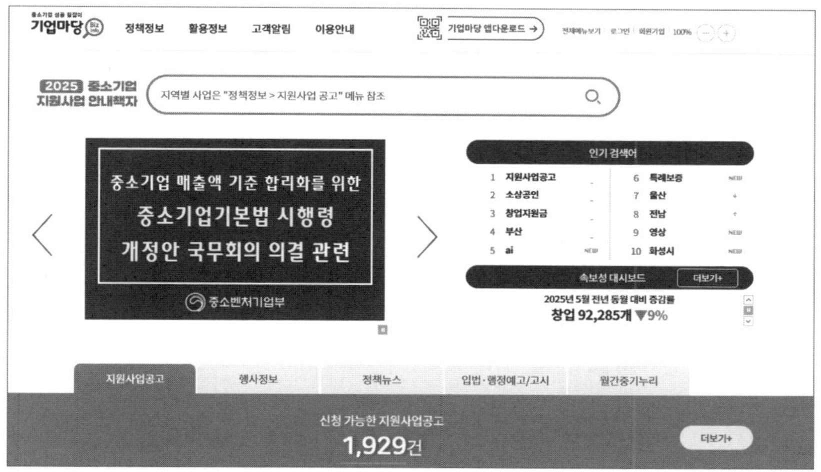

(출처 : 기업마당 www.bizinfo.go.kr)

학교폭력

우리 행정사 12기 중 학교폭력 상담 건이 발생하면, 모두가 자연스럽게 올빛행정사사무소의 강상우 행정사를 찾는다. 그만큼 강상우 행정사는 학교폭력 분야에서 신뢰를 쌓아온 인물이다. "복잡한 교육 행정, 내 아이의 일처럼 깊이 고민하고 해결합니다"라는 슬로건을 바탕으로, 학교폭력 전문 행정사로서 교육 현장에서 활발히 활동하고 있다.

행정 절차는 개인과 기업의 권리를 지키는 첫걸음이지만, 복잡한 법령과 까다로운 절차 앞에서는 누구나 막막함을 느끼기 마련이다. 특히 자녀의 입시와 직결될 수 있는 교육 행정 업무에서는 학부모님들이 느끼는 어려움이 더욱 클 수밖에 없다.

강상우 행정사는 이러한 학부모님들의 마음을 깊이 헤아리는 것을 가장 중요하게 생각한다. 단순히 서류를 대신 작성해주는 것을 넘어, 의뢰인이 마주한 행정적 어려움을 가장 정확하고 올바르게 해결하는 것을 최우선 가치로 삼고 있다.

무엇보다 강상우 행정사는 '현직 학교폭력 전담조사관'이자 '학교폭력 전담기구 위원'으로 활동하며 쌓은 풍부한 현장 경험을 강점으로 한다. 이러한 경험을 바탕으로 사안을 면밀히 분석하고, 각 상황에 맞는 최적의 솔루션을 제시한다는 점에서 학교폭력 분야에서 독보적인 전문성을 갖춘 행정사다.

학교폭력 최고 전문가 강상우 행정사
(출처 : 저자 제공)

학교폭력 행정사의 비전

행정사는 '행정사법' 제2조 제1항에 근거해 학교폭력 사안에 대해 의뢰인의 법적·행정적 권리 구제를 돕는 전문 자격사다. 최근 실무 수습 교육에서도 학교폭력을 주요 주제로 다룰 만큼 그 중요성이 커지고 있다. 실제로 학교폭력 발생 건수는 지속적인 증가 추세를 보이고 있으며, 많은 행정사들이 관련 문의를 받고 있어 업무의 성격상 초기 진입장벽이 다소 높게 느껴질 수 있으나, 사안을 성공적으로 해결할 경우 학부모들 사이의 입소문을 통해 별도의 광고 없이도 수임이 이어지는 분야다. 따라서 행정사 업무를 시작할 때 주력 업무 리스트에 포함하기를 권장한다.

학교폭력의 양상과 공감의 중요성

과거에는 물리적인 폭력이 주를 이루었으나, 현재는 '학교폭력예방 및 대책에 관한 법률' 제2조 제1호에 정의된 바와 같이 SNS와 미디어를 이용한 정신적 폭력 등 그 양상이 매우 다양해졌다.

학교폭력예방 및 대책에 관한 법률 제2조(정의)
"학교폭력"이란 학교 내외에서 학생을 대상으로 발생한 상해, 폭행, 감금, 협박, 약취·유인, 명예훼손·모욕, 공갈, 강요·강제적인 심부름 및 성폭력, 따돌림, 사이버폭력 등에 의하여 신체·정신 또는 재산상의 피해를 수반하는 행위를 말한다.

나는 경험한 상담 사례 중, 사무실 인근 학교의 피해 학생 어머니와의 상담이 기억에 남는다. 비록 증거 부족과 피해 학생의 전학 결정으로 인해 수임까지 이어지지는 않았으나, 상담 과정에서 느낀 학부모의 고통은 매우 컸다. 학교폭력 업무는 단순한 행정 절차 대행을 넘어, 의뢰인의 심정적 고통을 깊이 이해하는 자세가 요구된다.

행정심판

　　행정심판은 행정청의 위법·부당한 처분(또는 그 밖에 공권력의 행사·불행사) 등으로 권리 및 이익을 침해받은 국민이 법적으로 이를 구제받을 수 있도록 한 제도이고, 반면 행정소송은 법원에서 진행되는 사법적 절차다.

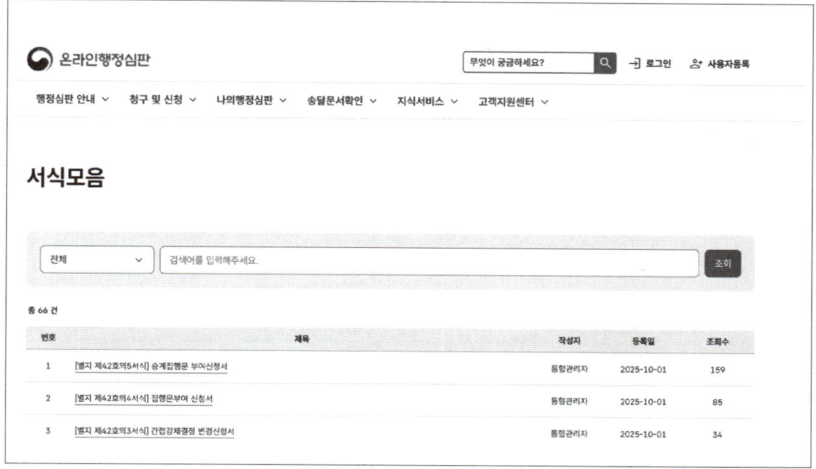

(출처 : 온라인행정심판)

행정심판 청구서

(앞쪽)

접수번호	접수일	

청구인	성명	
	주소	
	주민등록번호(외국인등록번호)	
	전화번호	
[ ] 대표자 [ ] 관리인 [ ] 선정대표자 [ ] 대리인 ※ 해당사항이 있는 경우 하나의 [ ]만 작성합니다.	성명	
	주소	
	주민등록번호(외국인등록번호)	
	전화번호	
피청구인		
소관 행정심판위원회	[ ] 중앙행정심판위원회 [ ] ○○시·도행정심판위원회 [ ] 기타	
처분 내용 또는 부작위 내용		
처분이 있음을 안 날		
청구 취지 및 청구 이유	별지로 작성	
처분청의 불복절차 고지 유무	[ ] 유 [ ] 무	
처분청의 불복절차 고지 내용		
증거 서류		
국선대리인 선임 신청 여부	[ ] 여 [ ] 부 ※ 국선대리인 선임을 신청하는 경우에는 「행정심판법 시행규칙」 별지 제27호의2서식에 따른 　국선대리인 선임 신청서를 별도로 첨부하시기 바랍니다.	
구술심리 신청 여부	[ ] 여 [ ] 부 ※ 구술심리를 신청하는 경우에는 「행정심판법 시행규칙」 별지 제39호서식에 따른 구술심리 　신청서를 별도로 첨부하시기 바랍니다.	

「행정심판법」 제28조 및 같은 법 시행령 제20조에 따라 위와 같이 행정심판을 청구합니다.

년　월　일

청구인　　(서명 또는 인)

○○행정심판위원회 귀중

| 첨부서류 | 1. 대표자, 관리인, 선정대표자 또는 대리인의 자격을 소명하는 서류(대표자, 관리인,
　선정대표자 또는 대리인을 선임하는 경우에만 제출합니다)
2. 주장을 뒷받침하는 증거서류나 증거물 | 수수료
없음 |

(출처 : 저자 제공)

온라인행정심판 사이트에 들어가 보면 각종 서식을 다운로드받을 수 있다.

당사자는 행정심판을 선택해서 이를 거친 후 행정소송으로 나아갈 수 있으며, 전치주의가 적용되지 않는 사건의 경우게는 행정심판을 거치지 않고, 곧바로 행정소송을 제기할 수도 있다. 행정사는 행정사법 제2조에 따라 행정심판 청구서 등 관련 서류의 작성 및 제출을 대행할 수 있으며, 이는 행정소송과 구별되는 행정사의 고유한 전문 업무 영역이다. 행정심판의 대상이 되는 대표적인 행정처분으로는 정보공개 거부, 음주운전 구제, 각종 인허가 거부, 영업정지, 과징금 부과 등이 있다.

내가 행정사에 합격하고 놀라웠던 것은 음주운전 구제의 일도 행정사의 업무 수행 중 하나라는 것이다. 음주운전 구제는 전문직 변호사만이 할 수 있다고 생각했는데, 행정사의 법적 업무 범위가 존재했고, 실제로 행정사들이 음주운전 구제의 일도 수임을 받고 업무를 하고 있다.

행정사의 음주운전 구제의 업무

많은 사람들이 음주운전 사건을 모두 변호사의 업무 영역으로 오해하는 경우가 많다. 그러나 음주운전으로 인한 형사처벌과 행정처분은 명확히 구분되며, 행정사의 업무는 형사사건이 아닌 행정처분에 대한 구제 절차에 한정된다. 행정사는 음주운전으로 인한 운전면

허 취소·정지 처분과 관련해 행정심판 등 행정적 구제 절차를 전문
적으로 수행한다.

• **행정사**(행정심판)
- 운전면허 취소·정지 처분에 대한 이의신청
- 행정심판 청구서 등 관련 서류의 작성 및 제출
- 행정소송에 이르기 전 단계까지의 행정적 구제 절차 수행
- 운전면허 취소·정지와 같은 행정처분에 대한 구제

이는 행정사의 핵심적인 전문 업무 영역에 해당한다.

• **자료 준비**
행정심판을 통한 구제를 위해서는 다음과 같은 자료를 체계적으
로 준비한다.

- 반성문 : 위반 사실에 대한 인식과 재발 방지 계획이 구체적으로
  기재된 자료
- 탄원서 : 가족, 직장 동료 등 제삼자가 작성한 선처 요청서
- 생계 곤란 입증 자료 : 통장 거래 내역, 부양가족 현황, 교통수단
  제한으로 인한 생활상 어려움 등
- 재직증명서 또는 근로계약서 : 직업상 운전이 필수적임을 입증
  하는 자료

- 재범 방지 교육 수료증 : 공공기관 또는 지정 교육기관의 교육
  이수 내역

'반성', '생계', '재발 방지'라는 세 가지 요소가 명확하게 드러나야
한다.

음주운전 구제가 잘된다면 면허 취소가 정지로 감경되거나, 정지
기간이 단축되는 등 긍정적인 결과를 기대할 수 있다. 하지만 모든
음주운전 구제가 성공하는 것은 아니다. 당연히 기각될 수 있다. 음
주운전은 범죄다. 사회의 안정성을 위해 하지 말아야 한다.

비영리법인, 농업법인 등

사무실을 운영하는 공인중개사라면 고객들에게 비영리 법인 설립 상담을 많이 받을 수 있다. 행정사는 비영리 법인 설립 일을 할 수 있다. 과거에는 비영리법인을 세운다고 하면 대부분은 다 법무사 사무실에 찾아갔다. 법인 설립은 결국 등기로 완성이 되기 때문이다. 등기는 엄연히 법무사 전문직의 고유 영역이다. 비영리법인 설립 과정의 행정 절차와 인허가 부분이 행정사가 할 수 있는 영역이며, 등기는 법무사가 해야 한다. 즉, 비영리법인 설립은 행정사와 법무사가 함께해야 하는 일이 된 것이다.

비영리법인의 설립 유형은 사단법인과 재단법인으로 되어 있다.

• 사단법인

회원(사람) 중심으로 일정한 목적을 위해 모인 사람들의 단체다.

• 재단법인

재산 중심으로 일정한 목적을 위해 출연된 재산을 기초로 운영한다.

비영리법인 설립은 운영 능력, 재정 계획, 그리고 공익적 목적을 입증할 수 있는 구조를 갖춰야 한다.

민법 제40조(사단법인의 정관) 사단법인의 설립자는 다음 각 호의 사항을 기재한 정관을 작성하여 기명날인하여야 한다.
 1. 목적
 2. 명칭
 3. 사무소의 소재지
 4. 자산에 관한 규정
 5. 이사의 임면에 관한 규정
 6. 사원자격의 득실에 관한 규정
 7. 존립시기나 해산사유를 정하는 때에는 그 시기 또는 사유

제43조(재단법인의 정관) 재단법인의 설립자는 일정한 재산을 출연하고 제40조제1호 내지 제5호의 사항을 기재한 정관을 작성하여 기명날인하여야 한다.

비영리법인의 설립 및 감독에 관한 규칙 제4조(설립허가) ① 주무관청은 비영리법인 설립허가 신청의 내용이 다음 각호의 기준에 맞는 경우에만 그 설립을 허가한다.
 1. 비영리법인의 목적과 사업이 실현가능할 것
 2. 목적하는 사업을 할 수 있는 충분한 능력이 있고, 재정적 기초가 확립되어 있거나 확립될 수 있을 것

3. 다른 법인과 같은 명칭이 아닐 것

〈비영리법인 설립허가 기준〉
비영리법인의 설립 및 감독에 관한 규칙(이하 "법인규칙") **제4조**(설립허가) ① 주무관청은 비영리법인 설립허가 신청의 내용이 다음 각 호의 기준에 맞는 경우에만 그 설립을 허가한다.
 1. 비영리법인의 목적과 사업이 실현가능할 것
 2. 목적하는 사업을 할 수 있는 충분한 능력이 있고, 재정적 기초가 확립되어 있거나 확립될 수 있을 것
 3. 다른 법인과 같은 명칭이 아닐 것

〈비영리민간단체 등록 요건〉
비영리민간단체 지원법 제2조(정의) 이 법에 있어서 "비영리민간단체"라 함은 영리가 아닌 공익활동을 수행하는 것을 주된 목적으로 하는 민간단체로서 다음 각 호의 요건을 갖춘 단체를 말한다.
 1. 사업의 직접 수혜자가 불특정 다수일 것
 2. 구성원 상호 간에 이익분배를 하지 아니할 것
 3. 사실상 특정정당 또는 선출직 후보를 지지·지원 또는 반대할 것을 주된 목적으로 하거나, 특정 종교의 교리전파를 주된 목적으로 설립·운영되지 아니할 것
 4. 상시 구성원수가 100인 이상일 것
 5. 최근 1년 이상 공익활동실적이 있을 것
 6. 법인이 아닌 단체일 경우에는 대표자 또는 관리인이 있을 것

행정사는 타인의 위임을 받아 행정기관에 제출하는 서류의 작성과 그 제출 절차의 대리·대행 등, 법령이 허용하는 범위의 업무를 수행할 수 있다. 비영리법인 설립과 관련해 행정사는 설립 허가 이전

단계부터 행정 절차 전반에 걸쳐 실무를 지원할 수 있다. 구체적으로는 ① 정관 및 사업계획서(예산서 포함)의 작성, ② 비영리법인 설립 허가신청서 및 보완 서류의 작성·제출, ③ 창립총회 또는 발기인총회 의사록 등 회의 관련 서류의 정리, ④ 주무관청과의 협의 및 보완 과정에서 요구되는 각종 행정 서류의 정리와 제출을 대리·대행하는 역할을 수행한다.

비영리법인은 설립 허가 이후에도 주무관청에 대한 각종 보고 의무와 변경 허가 또는 변경 신고 절차를 이행해야 하며, 행정사는 이러한 설립등기 이후의 행정 절차에 필요한 서류의 작성과 제출을 지속해서 지원할 수 있다.

비영리법인의 설립은 원칙적으로 법인의 목적과 활동 내용에 따라 주무관청의 허가를 받아야 한다.

나는 농업법인 설립 일을 행정사가 할 수 있는 범위 내에서 일을 수임받고, 거기에 연계되는 일을 추가적으로 수임받았다. 물론 이 일은 인근에 계신 대선배님과 함께 진행했다. 농업법인 관련 업무는 농업법인 설립 요건 검토, 농업법인 요건 충족을 위한 정관의 목적사업 및 운영구조에 관한 행정적 요소 중심의 초안 작성, 농업인 요건 충족 여부 및 출자 구조의 적법성 검토, 농업법인 설립 신고 및 등록, 대표자·목적·구성원 변경에 따른 행정 신고, 농업경영체 등록을 위한 요건 검토 등으로 구성되며, 이는 행정사가 수행할 수 있는 전문적인 행정 업무에 해당한다.

외국인 비자

외국인의 비자 신청 및 체류 자격과 관련된 업무는 행정사가 수행할 수 있다. '출입국관리법'에 일정한 자격을 갖춘 자만이 타인의 위임을 받아 이를 적법하게 대리·대행할 수 있다. 현행법 체계상 외국인의 비자 및 체류 관련 행정 업무를 대리할 수 있는 전문 자격사는 행정사와 변호사로 한정된다.

출입국민원 대행기관 이용안내

■ 출입국민원 대행제도

● 출입국관리법 제79조의2 제2항에 따라 법무부에 등록한 행정사, 변호사 또는 행정사의 인력을 갖춘 법인은 체류외국인 등을 위하여 각종 허가의 신청 또는 신고업무대행이 가능합니다.
● 법무부에 대행기관으로 등록하기 위해서는 출입국관리법 제79조의2에 따라 대행업무에 필요한 교육(등록교육, 출입증발급교육, 보수교육)을 이수하여야 합니다. 교육 일정 및 신청 방법 등에 대해서는 하이코리아 공지사항을 참고하시기 바랍니다.
· 출입국민원 대행업무 관련 규정 및 등록 대행기관 현황 조회하기
· 출입국민원 대행기관 전용창구 운영현황(운영기관 및 일시) 조회하기

(출처 : 법무부 출입국)

외국인의 한국 유입은 해마다 증가하고 있다. 홍대 일대를 보더라도 관광객뿐만 아니라, 내가 계약했던 연남동 면세점의 중국인 직원들, 인근 식당과 상가에서 근무하는 외국인 근로자들, 외국인 유학생들이 눈에 띄게 많다. 취업비자, 결혼이민비자, 투자비자 등 다양한 체류 자격을 통해 한국에 들어오는 외국인의 수는 꾸준히 늘어나고 있다. 이제 외국인 유입은 일시적인 현상이 아니라, 한국 사회가 지속해서 마주해야 할 구조적인 문제에 가깝다.

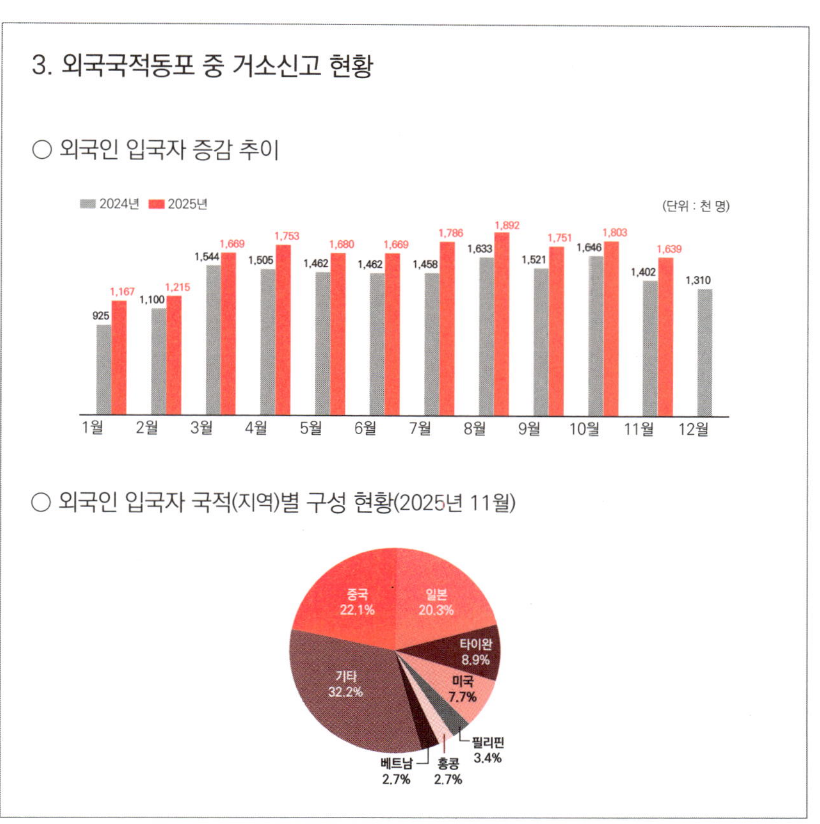

○ 등록외국인 자격별 현황

(2025.11.30. 현재, 단위 : 명)

계	문화예술 (D-1)	유 학 (D-2)	일반연수 (D-4)	종 교 (D-6)	상사주재 (D-7)	기업투자 (D-8)	무역경영 (D-9)	교 수 (E-1)
	59	220,772	82,033	1,778	1,099	8,527	2,703	1,751
	회화지도 (E-2)	연 구 (E-3)	기술지도 (E-4)	전문직업 (E-5)	예술흥행 (E-6)	특정활동 (E-7)	계절근로 (E-8)	비전문취업 (E-9)
1,606,633	12,919	3,380	204	222	4,428	79,184	40,215	335,122
	선원취업 (E-10)	방문동거 (F-1)	거 주 (F-2)	동 반 (F-3)	영 주 (F-5)	결혼이민 (F-6)	방문취업 (H-2)	기 타
	20,999	75,072	67,583	72,458	219,266	152,546	82,641	121,672

3. 외국국적동포 중 거소신고 현황

○ 외국국적동포 중 거소신고자 연도별 증감추이

(단위 : 명)

구 분	2018년	2019년	2020년	2021년	2022년	2023년	2024년	**2025년 11월**
인 원	441,107	459,996	464,783	475,945	499,270	533,295	553,664	**553,927**
증감률	7.2%	4.3%	1.0%	2.4%	4.8%	6.8%	3.8%	**0.001%**

○ 외국국적동포 중 거소신고자 국적별 현황

(2025.11.30. 현재, 단위 : 명)

총 계	중 국	미 국	러시아	우즈베키스탄	캐나다	카자흐스탄	기 타
553,927	386,241	52,786	32,689	29,532	17,708	15,234	19,737

○ 외국국적동포 중 거소신고자 거주지역별 현황(시도)

(2025.11.30. 현재, 단위 : 명)

계	서울	부산	대구	인천	광주	대전	울산	세종
	145,760	7,495	5,484	45,252	6,112	3,396	6,391	1,404
553,927	경기	강원	충북	충남	전북	전남	경북	경남	제주
	240,309	4,137	16,264	34,430	4,206	4,052	10,912	14,771	3,552

(출처 : 법무부 출입국·외국인정책본부)

대한민국에 입국하는 외국인은 원칙적으로 해당 체류 자격에 해당하는 사증(비자)을 소지해야 한다. 다만 대한민국과 상호협정 또는 양해각서 등을 체결한 국가의 국민에 대해서는 단기 체류에 한해 사증을 면제하는 제도가 적용되며, 이 경우 비자 발급 절차 없이 입국이 허용된다. 일상적으로는 '무비자'라는 표현이 사용되지만, 법적·제도적으로는 '사증 면제' 또는 '비자 면제'가 정확한 용어다. 사증 및 체류 자격의 신청, 변경, 연장 절차는 외국인 본인이 직접 신청할 수 있으며, 보수를 받고 이를 적법하게 대리·대행하는 업무는 행정사 또는 변호사의 업무 범위에 해당한다. 체류 자격은 외국인의 활동 목적과 체류 성격에 따라 구분되며, 자격별로 체류 기간과 활동 가능 범위가 제한된다.

행정사가 비자 업무를 처리하는 과정은 상담 단계에서 시작된다. 신청하고자 하는 체류 자격이 법적으로 가능한지의 여부를 먼저 검토한다. 비자 종류에 따라 제출 서류는 달라지지만, 일반적으로 외국인의 여권과 사진 등이 기본 서류에 포함되며, 외국에서 발급된 서류의 경우에는 필요에 번역, 공증, 아포스티유(해외에서 문서 효력을 바로 인정받는 국제 인증) 또는 영사 확인 절차가 요구된다.

행정사는 외국인의 거주지 관할 출입국·외국인청에 신청을 진행하며, 체류

서울남부출입국 외국인사무소(출처 : 저자 제공)

자격 및 업무 유형에 따라 하이코리아(www.hikorea.go.kr)를 통한 온라인 신청 또는 오프라인 접수 방식으로 절차를 진행한다.

비자마다 요구되는 서류와 심사 기준은 상이하므로, 행정사는 이를 정확히 파악해 개별 사안에 맞게 서류를 준비한다.

1. 외교(A-1)	13. 취재(D-5)	25. 특정 활동(E-7)
2. 공무(A-2)	14. 종교(D-6)	26. 계절근로(E-8)
3. 협정(A-3)	15. 주재(D-7)	27. 비전문취업(E-9)
4. 사증면제(B-1) ▶ 사증면제협정 체결국가 일람표	16. 기업 투자(D-8)	28. 선원취업(E-10)
5. 관광통과(B-2) ▶ 무사증입국 허가대상 국가일람표	17. 무역경영(D-9)	29. 방문동거(F-1)
6. 일시취재(C-1)	18. 구직(D-10)	30. 거주(F-2)
7. 단기방문(C-3)	19. 교수(E-1)	31. 동반(F-3)
8. 단기취업(C-4)	20. 회화지도(E-2)	32. 재외동포(F-4) ※ 38번 참조
9. 문화예술(D-1)	21. 연구(E-3)	33. 영주(F-5) ※ 동포는 38번 참조
10. 유학(D-2)	22. 기술지도(E-4)	34. 결혼이민(F-6)
11. 기술연수(D-3)	23. 전문직업(E-5)	35. 기타(G-1)
12. 일반연수(D-4)	24. 예술흥행(E-6)	36. 관광취업(H-1)
알기 쉬운 외국국적동포 업무매뉴얼		37. 방문취업(H-2) ※ 38번 참조
탑티어 비자(D-10-T, E-7-T, F-2-T, F-5-T)		

(출처 : 하이코리아)

외국인 비자 업무에서 가장 중요한 것은 외국인이 해당 비자의 자격 요건을 충족하는지의 여부를 먼저 판단하는 것이다. 요건을 충족하지 못한 상태에서 서류를 갖춰 접수하더라도 결과는 대부분 불허가가 나온다.

• D-8 기업 투자 비자

외국인이 대한민국에서 기업 활동을 하기 위한 체류 자격이다. 외국인 투자 신고 및 등록 관련 서류, 사업자등록증 등 사업체 현황 자료, 정관과 주주 구성 관련 서류, 투자금 유입 증빙, 실제 사업 수행을 위한 사무실 확보를 증명하는 임대차계약서, 사업의 실현 가능성을 설명하는 사업계획서 등이 기본적으로 요구된다. 투자 구조와 사업 형태에 따라 제출 서류는 달라질 수 있다.

• F-6 결혼이민 비자

단순히 혼인신고를 했다는 사실만으로 허가되지 않는다. 혼인의 실체와 지속 가능성을 종합적으로 심사하는 비자이기 때문에 국가에 따라 아포스티유 또는 영사 확인과 번역 절차와 필요한 서류 심사를 거쳐야 한다. 또한 한국인 배우자의 소득 요건을 입증하는 자료와 주거 확보를 증명하는 임대차계약서, 결혼사진과 교제 경위를 보여주는 통화 내역이나 메신저 기록 등 관계의 진정성을 입증하는 자료가 중요하게 검토된다. 그리고 한국어 능력 입증 자료가 추가로 요구되기도 한다. 이 또한 나라마다 차이가 있다.

- D-2 유학 비자

국내 대학이나 교육기관에서 정규 과정을 이수하기 위한 체류 자격이다. 표준입학허가서와 학비 납부 증빙, 체재비 마련 능력을 보여주는 은행 잔고증명서, 최종 학력 증명서가 필요하다. 학교와 국적, 관할 출입국청의 판단에 따라 추가 서류가 요구될 수 있다.

- E-7 특정 활동 비자

국내 기업이 전문 인력을 고용하기 위해 부여되는 체류 자격이다. 고용계약서와 학력·경력·자격을 입증하는 서류, 회사의 사업자등록 등 기본 현황 자료와 함께 해당 직무의 전문성과 외국인 고용의 필요성을 설명하는 자료가 핵심이다.

비자 업무는 단순한 행정 절차가 아니라 외국인의 일과 삶, 그리고 향후 체류의 안정성을 좌우하는 중대한 업무다. 절차와 서류가 복잡해 많은 행정사들이 어려움을 토로하고, 나 역시 출입국 비자 업무는 쉽지 않다는 결론에 이르렀다. 실무적으로는 출입국 인근에 사무소를 두는 것이 접수와 업무를 보는 데 유리하다.

Q. 신청인의 대리인 자격으로 방문예약을 신청하려면 어떻게 해야 하나요?
A. 대리인이 민원업무를 대신하는 경우에도 예약신청 시에는 신청인(외국인)의 인적사항으로 예약을 해야 합니다. 또한, 1명의 대리인이 2명

이상의 민원을 대리 신청하는 경우, 각자의 인적사항으로 두 번의 예약 일
정을 잡으셔야 합니다.

나는 작년에 베트남 하노이와 호찌민을 두 번 다녀왔다. 베트남에
서 한국으로 취업을 희망하는 외국인을 보다 체계적으로 관리하고,
입국 이후 불법체류로 이탈하는 문제를 줄일 수 있는 구조가 있을지
고민하기 위함이었다.

호찌민에서 방문한 한국 ○○은행 담당자님과의 미팅에서 마주
한 현실은 예상보다 훨씬 복잡했다. 유학 비자로 입국한 뒤 불법체
류 상태로 전락하는 사례가 발생하는 이유는 단순하지 않았다. 대학
학비를 감당하기 위해 대출을 받고 입국한 뒤, 높은 이자 부담을 견
디지 못해 결국 합법적인 체류 범위를 벗어나는 경우가 적지 않았기
때문이다.

나는 베트남 출장과 비즈니스 미팅 경험을 통해, 불법체류 문제를
단순히 개인의 일탈이나 단속의 문제로만 접근해서는 결코 해결할
수 없다는 점을 실감했다.

대한행정사회 12기 회장 최희성 행정사(단비행정사사무소)는 '이주민

대한행정사회 12기 회장 최희성 행정사

(출처 : 저자 제공)

인권을 위한 행정사 모임' 이행을 운영하며, 이주민의 인권이 대한민국에서 보호되는 사회를 만들기 위한 활동을 활발히 이어가고 있다. 이 모임은 이주민 인권 문제의 현황과 제도적 한계를 점검하고, 이를 개선하기 위한 행정적·법률적 지원 방안을 모색하는 데 목적을 두고 있다. 정기적으로 이민정책과 이민법률을 주제로 논의를 진행하며, 현장에서 발생하는 구체적인 사례를 바탕으로 제도의 문제점과 개선 방향을 검토한다. 특히 이주민이 한국 사회에서 겪는 현실적 어려움에 대해 행정적·제도적 해결책을 제시하는 데 초점을 맞추고 있다. 단비행정사 사무소의 최희성 행정사는 제12기 행정사들 가운데서도 빠르게 전문 영역을 구축한 인물로, 출입국과 관련한 사안이 나오면 최희성 행정사를 바로 떠올릴 정도로 완전하게 자리 잡았다. 평소 이주민과 난민 문제에 관심을 가지

제1차 미얀마 닷봄 정기총회(출처 : 저자 제공)

고, 이주민들이 한국 사회에 안정적으로 정착할 수 있도록 도움을
주고 있다.

또한 규정의 미비와 잘못된 실무 관행이 지속되고 있는 법무부
령 외국인 보호 규칙의 개정 및 개선을 촉구하고, 외국인 노동자들
이 부당하게 체류 자격을 상실하거나 강제 출국되는 사례를 막기 위
해, 대한민국 각지의 행정 실무 현장에서 행정사로서 실질적인 도움
을 제공해오고 있다. 이는 행정사가 단순히 서류를 처리하는 직역을
넘어, 외국인의 인권 보호를 위해 공공성과 전문성을 동시에 수행할
수 있음을 보여주는 대표적인 사례다.

HACCP

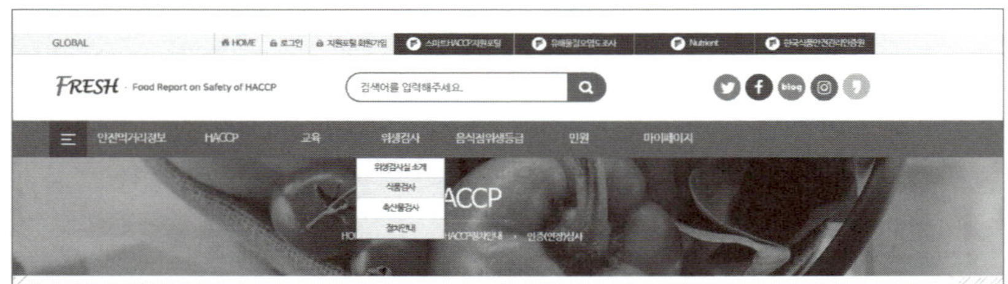

(출처 : 한국식품안전관리인증원)

처음으로 맡았던 행정사 HACCP 업무는 5~6년 전 사무실 계약을 했던 고객에게서 시작되었다. 오랜만에 연락이 와 새로 시작한 식품 사업과 관련한 HACCP 업무를 의뢰한 것이다. 나는 사무실 중개를 전문으로 하다가 우연한 기회에 해당 업무를 맡게 되었지만, 상가나 공장 중개를 전문으로 하는 공인중개사라면 고객의 사업 확장 과정에서 이와 같은 문의를 자연스럽게 받을 가능성이 높다.

HACCP는 식품의 안전성을 체계적으로 확보하기 위한 위생관리

시스템이다. 원재료의 생산 단계부터 제조·가공·보존·유통·소비에 이르기까지 전 과정에서 발생할 수 있는 위해요소를 사전에 분석하고, 이를 예방하거나 허용 가능한 수준으로 관리하기 위한 기준이다.

관계 법령과 고시에 따라 일부 식품 및 축산물 업종에 대해서는 HACCP 기준 적용이 단계적으로 의무화되고 있다. 실무적으로는 이를 충족하기 위한 HACCP 인증 취득이 사실상 필수 요건으로 정착되어 있다.

특히 식육가공업 등 축산물 관련 업종의 경우 HACCP 적용은 이미 영업 유지의 전제가 되고 있다. '식품위생법', '건강기능식품에 관한 법률', '축산물 위생관리법' 등에 따라 영업허가·신고·등록을 받은 자 중 HACCP 기준 적용 의무 대상 영업자와, 이를 자율적으로 도입하려는 식품·축산물 관련 사업자가 해당된다. 법령에 의해 반드시 기준을 적용해야 하는 경우도 있으나, 유통업체 납품 조건, 공공기관 입찰 요건, 거래처 요구 등에 따라 자율적으로 HACCP 인증을 준비하는 사업자 역시 적지 않다.

인증 절차는 일반적으로 사전 평가, 현장 진단, 시스템 구축 및 문서화, 인증 심사, 사후 관리의 단계로 진행된다. 이 과정에서 행정사는 HACCP 인증 심사 이전 단계에서 요구되는 공장 등록, 식품제조가공업 신고, 축산물가공업 허가 등 각종 인허가 절차와 이에 수반되는 행정 서류의 작성, 행정 절차 전반을 관리·지원하는 역할을 수행한다.

인증 준비의 초기 단계에서는 업종에 따라 관할 기관이 어디인지 구분해야 하며, 해당 사업장이 HACCP 기준 적용 의무 대상인지, 자율 적용 대상인지부터 확인해야 한다. 이후 사업장의 규모, 시설 수준, 인력 구성, 생산 품목 등을 종합적으로 검토해 인증 가능성과 준비 요건을 판단하게 된다.

이 과정에서 사업자등록증, 영업허가증 또는 신고증, 공장 배치도, 생산라인 흐름도 등 기본 자료가 필요하다. 많은 사업자가 준비 단계에서 무엇부터 착수해야 할지 혼란을 겪는 경우가 많다. 행정사는 사전 점검을 통해 준비 항목을 체계적으로 정리하고, 단계별 체크리스트를 제공함으로써 인증 준비의 방향성을 제시한다.

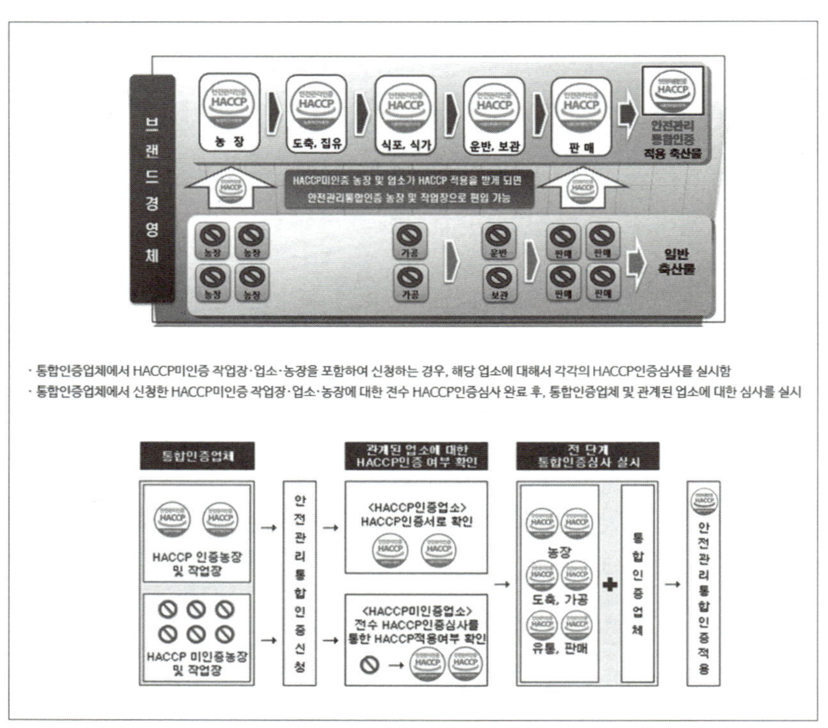

(출처 : 한국식품안전관리인증원)

서류 심사에서는 HACCP 계획서와 위생관리 문서의 적정성을 검토하며, 현장 심사에서는 실제 작업 현장이 문서 내용과 동일하게 운영되고 있는지를 확인한다. 서류와 현장 운영 간 불일치가 확인될 경우 인증은 지연되거나 불인증 처리될 수 있다.

HACCP 인증을 준비하는 과정에서는 몇 가지 유의해야 할 사항이 있다. 서류만 형식적으로 갖추고 현장 관리가 뒷받침되지 않을 경우, 인증은 취득될 수 없다. 또한, 인증까지는 통상 수개월의 준비 기간이 소요되므로 일정 관리가 중요하다. 신청 시기를 놓칠 경우, 납품 계약이나 입찰 일정에 차질이 발생할 수 있고, 사전에 고려되지 않은 시설 보완으로 인해 수천만 원의 추가비용이 발생할 수 있다.

공장 중개를 하는 행정사라면 공장 중개 후 공장 등록, 그리고 HACCP까지 수임받을 수 있으니 이것이 바로 부동산 행정의 원스톱 서비스다.

사업계획서

(제2쪽)

1. 사업개요				
업체 현황	회사	명칭		
		주소		
		전화번호	팩스번호	
		홈페이지 주소	법인등록번호	
	대표자	성명	이메일 주소	
		주소	생년월일	
		전화번호	팩스번호	

생산 제품 현황	업종(5단위)
	생산품명
	주 원자재

공장 현황	공장 주소			
	형 태	분양( ) 경매( ) 양도( ) 양수( ) 임대( )		
	용도지역			
	지 목			
	공 장 건설계획	사업자등록번호		
		착공 예정일		
		준공 예정일 또는 준공일		
		사업 시작일		
	공장의 규 모	종업원 수	국내	남
				여
			국외	남
				여
		용지 면적		m²
		건축 면적	제조시설 :	m²
			부대시설 :	m²
		건축 면적/용지 면적		
		기준공장 면적율		%
		건폐율		%
		용적율		%

투자 규모	계	백만 원
	자기자본	백만 원
	타인자본	백만 원
	외국인 투자금액	천 불
	외국인 투자비율	%

공장보유 구 분	자가( ) 임차( )	공장설립 형태	신규 건립 입주( ) 기존 건물 입주( )	공장 규모	대( ) 중( ) 소( )

기재요령
1. 업종은 「통계법」 제22조제1항에 따른 한국표준산업분류상 세세분류(5단위)까지 적습니다.
2. 건축면적은 공장설립일부터 4년 이내의 건설계획분을 포함하여 적습니다.
3. 공장규모는 「중소기업기본법 시행령」 제8조 및 같은 법 시행령 별표 1에 따른 분류에 따라 적습니다.

공연장
등록

이번에 공연장 등록을 위해 인근에 계신 고객에게서 연락이 왔다. 나는 행정사 업무에 대해 별도의 홍보를 하고 있지 않지만, 중개법인을 함께 운영하다 보니 이런 식의 기회를 얻기도 한다.

고객의 사업장으로 찾아갔을 때 놀라웠던 점은, 그곳이 바로 2년 전 클럽 계약을 위해 담당 직원과 함께 정말 공을 들였던 그 건물의 지하였다는 사실이다. 당시에는 거의 계약 직전까지 갔지만, 고객의 사정으로 계약이 불발되어 무척 아쉬움이 남았던 곳이다. 그런데 그 후 2년 동안 공실로 남아 있던 그 건물에 입점한 고객이 공연장 등록을 위해 우연히 나에게 연락해온 것이다.

이처럼 부동산과 행정을 함께 다루려는 사람이라면, 자연스럽게 이런 기회를 맞이할 수 있다. 생각해보면 참 고마운 일이고, 얼마나 좋은 구조인가 싶다.

공연장 등록 행정사는 공연장 설치와 운영을 위해 요구되는 인허

공연장 [ ] 등록   신청서
[ ] 변경등록

※ 뒤쪽의 작성방법을 읽고 작성하시기 바라며, [ ]에는 해당되는 곳에 √표를 합니다.   (앞쪽)

접수번호		접수일자		처리기간 등록 : 7일 변경 : 3일
설치자	① 기관 · 법인 · 단체명			
	② 기관 · 법인 · 단체 소재지 (전화번호 :)			
운영자	③ 대표자성명			④ 생년월일
	⑤ 대표자주소 (전화번호 :)			

⑥ 공연장의 명칭		⑦ 종류 및 운영 형태	[ ] 공공 공연장 [ ] 직영 [ ] 수탁 [ ] 양여
			[ ] 민간 공연장 [ ] 자가 [ ] 임차

⑧ 공연장 소재지		(전화번호 :)
⑨ 공연장 착공일자		⑩ 공연장 사용승인 일자

⑪ 공연장 시설 설치 내역 (※무대기계 · 기구 수는 「공연법 시행령」 제10조 제7항의 고시에 따라 산출 기재)	건축면적		㎡(평)	무대면적	㎡(평)
	무대기계 ·기구수	구동식			개
		고정식			개
	객석수		개	객석이 되는 바 닥 면 적	㎡(평)

⑫ 등록번호		⑬ 등록연월일	. . .

⑭ 변경사항	변경 전
	변경 후

「공연법」 제9조, 같은 법 시행령 제8조제1항 및 같은 법 시행규칙 제6조제1항에 따라 공연장([ ] 등록, [ ] 변경등록)을 신청합니다.

년   월   일
(서명 또는 인)

⑮ 신청인

특별자치시장 · 특별자치도지사 · 시장 · 군수 · 구청장 귀하

		수수료
신청인 제출서류	※ 변경등록 신청의 경우에는 다음 각 호의 서류 중 변경사항과 관련되는 서류와 등록증만 제출하시면 됩니다. 1. 시설설치내역서(무대개요·객석·로비·분장실·무대기계·조명·음향·영상 등으로 구분하여 작성 합니다) 각 1부 2. 시설의 평면도 및 배치도 각 1부 3. 부동산의 소유권 또는 사용권을 증명할 수 있는 서류 1부 4. 무대시설 안전진단 전문기관이 발급하는 다음 각 목의 구분에 따른 서류 1부 가. 등록의 경우 : 「공연법」 제12조제1항제1호에 따른 설계검토 결과(설계검토의 대상이 되는 공연장만 해당합니다) 및 같은 항 제2호에 따른 등록 전 안전검사 결과 나. 변경등록의 경우: 변경된 무대기계·기구에 대하여 법 제12조제1항제2호에 따른 등록 전 안전검사 기준을 적용한 안전진단 결과(무대기계·기구가 변경된 경우만 해당합니다)	(수입증지) 특별자치시· 특별자치도· 시·군·구 조례로 정한 금액
담당 공무원 확인사항	전기안전점검확인서(변경등록 신청을 받은 경우에는 변경사유로 인하여 「전기사업법」 제66조의2제 1항에 따른 전기안전점검을 받아야 하는 경우만 확인합니다)	

가 절차 전반에서 행정적 준비와 절차 진행을 지원하는 전문가다. 공연장을 운영하기 위해서는 일정한 시설 요건과 안전 기준을 충족해야 하며, 행정사는 이러한 요건을 갖추기 위한 행정 절차를 체계적으로 안내하고 관련 서류 준비를 돕는다.

공연장 등록의 초기 단계에서 행정사는 건축물의 용도, 해당 시설이 공연장에 해당하는지 여부, 적용되는 법령과 지자체 조례 등을 검토해 등록 가능성을 사전에 판단한다.

서류 준비 단계에서는 공연장 등록신청서, 시설 평면도 등 관련 자료를 정리하고, 행정적으로 지원해 이를 관할 지방자치단체에 제출한다. 이 과정에서 행정사는 관계 법령에서 요구하는 형식과 기재 사항이 충족되었는지를 사전에 점검함으로써, 불필요한 보완 요구가 발생하지 않도록 관리한다.

공연장 등록을 하고자 하거나 등록증의 기재사항의 변경을 사유로 변경등록을 하고자 하는 자는 공연법 시행규칙 별치 제10호서식의 공연장등록(변경등록)신청서와 첨부서류를 함께 관할지자체에게 제출(정보통신망에 의한 제출을 포함한다)하여야 함(단, 변경등록을 하고자 하는 경우에는 변경사항과 관련된 서류에 한하여 제출)

공연장 등록관련 법률

구분	세부규정	관련법령
공연장 등록대상	· 년 90일 이상 또는 계속하여 30일 이상 공연에 제공할 목적으로 설치하여 운영하는 시설은 공연장으로 등록을 해야함	공연법 제2조 공연법 제9조 공연법 시행령 제1조의2 공연법 시행령 제8조
공연장 등록반려	· 무대시설(조명, 음향시설 포함), 방음시설(객석의 천장이 없는 공연장은 제외)을 갖추지 못한 경우 · 설계검토 및 등록 전 안전검사 결과 각 기준에 미달하는 경우(설계검토의 경우 무대시설이 40개 이상인 공연장에만 해당) · 그 밖에 법 또는 다른 법령에 따른 제한에 위반되는 경우	공연법 시행령 제8조 공연법 시행규칙 제5조
공연장 폐업신고	· 공연장의 등록을 한 자가 영업을 폐지한 경우에는 폐지한 날부터 30일 이내에 관할 지자체장에 폐업을 신고해야함 · 관할 지자체장은 폐업한 사실이 확인된 공연장이 폐업신고를 하지 않을 경우 해당 공연장의 직권 말소가 가능함	공연법 제9조 공연법 시행규칙 제6조의2

(출처 : 공연장안전지원센터)

또한 현장 실사에 대비해 소방, 방염, 피난 동선 등 공연장에 적용되는 주요 법적 기준을 기준표에 따라 사전 검토하고, 소방 등 관계 전문기관의 점검 결과를 토대로 필요한 보완 사항을 안내한다. 이를 통해 공연장 운영자가 현장 확인 과정에서 혼란을 겪지 않도록 행정 절차 전반을 조율한다.

이번 공연장 등록 건은 건물 준공 이후 불법으로 설치된 외부 및 내부 시설로 인해 원상복구에 상당한 비용이 소요되어, 현재까지 절차가 진행되지 못하고 있는 상황이다. 다만 사전에 선배 행정사와 함께 현장을 방문하고, 건축사와의 2차 미팅까지 진행한 덕분에 이러한 위법 요소를 미리 파악할 수 있었다. 결과적으로 이는 천운에 가까운 일이었다고 생각한다.

민간자격증
등록

(출처 : 민간자격정보서비스)

행정사의 민간자격증 등록

비즈니스 모임에서 알게 된 변리사님 소개로 스포츠 분야 민간자격 등록과 관련한 미팅을 진행한 적이 있다. 행정사가 민간자격 등록을 수행한다는 것은 자격을 직접 만들거나 교육을 진행하는 것이 아니다. 민간자격 등록은 한국직업능력연구원이 운영하는 민간자격정보서비스(PQI)를 통해 이루어진다. 신청 수수료는 없으며 신청 후 처리 기간이 기본 3개월 이상이 걸릴 수 있기 때문에 준비 과정부터 제출 서류까지 세부 사항을 꼼꼼히 검토하고, 체계적으로 정리하는 과정이 요구된다. 민간자격 등록은 명백히 행정기관을 상대로 하는 등록 행정이며, 행정사의 업무 범위에 포함되는 절차라고 할 수 있다.

민간자격 신설 및 등록 금지 분야

자격기본법 제 17조(민간자격의 신설 및 등록 등)
① 국가 외의 법인·단체 또는 개인은 누구든지 다음 각 호에 해당하는 분야를 제외하고는 민간자격을 신설하여 관리 · 운영할 수 있다.
1. 다른 법령에서 금지하는 행위와 관련된 분야
2. 국민의 생명·건강·안전 및 국방에 직결되는 분야
3. 선량한 풍속을 해하거나 사회질서에 반하는 행위와 관련되는 분야
4. 그 밖에 민간자격으로 운영하는 것이 적합하지 아니하다고 심의회의 심의를 거쳐 대통령령으로 정하는 분야
② 제1항에 따라 민간자격을 신설하여 관리·운영하려는 자는 대통령령으로 정하는 바에 따라 해당 민간자격을 주무부장관에게 등록하여야 한다.
③ 제1항에 따른 민간자격의 관리·운영에 필요한 사항은 대통령령으로 정한다.

행정사가 민간자격증 일을 수임받으면 사업자등록증, 법인 일시 법인 등기부등본, 관리자 결격사유확인서(법인), 기본증명서, 임대차

계약서, 민간자격관리 운영규정 등의 서류가 필요하다. 개인이라면 사업자를 내거나 협회(임의단체)를 만들어 고유번호증을 받아야 한다.

이처럼 민간자격증은 협회나 단체 명의로 운영되는 경우가 대부분이며, 이를 위해서는 '법인으로 보는 단체'에 해당하는 임의단체를 설립한 후 민간자격 등록을 신청하는 구조가 일반적이다. 이 과정 전반에서 행정사의 업무가 자연스럽게 연계된다.

민간자격 등록은 행정사의 업무 범위에 명확히 포함되는 영역이며, 매년 수많은 민간자격증이 새롭게 등록·발급되고 있는 만큼, 행정사 시장에서도 충분히 전문 분야로 발전할 수 있는 영역이다.

수많은 행정사의
영역

　행정사는 타인의 위임을 받아 행정기관에 제출하는 각종 허가, 인가, 면허, 등록, 신고 등 행정 절차와 관련된 서류를 작성하고, 해당 절차를 법령이 허용하는 범위 내에서 대리·대행하는 전문 자격사다.

　행정사 업무 영역은 특정 분야에 국한되지 않는다. 주위를 둘러보면 광범위하게 생활 곳곳에 깃들어 있다. 식품과 환경, 교통, 관광, 의료, 산업 등 모든 산업 전반에 형성되어 있다.

　행정사 업무로는 식품위생업 영업신고, 의료기기 판매·임대업 신고, 관광사업 등록, 화물자동차 운송사업 허가, 공장 설립 승인 및 등록과 관련된 행정 절차 대행, 폐기물처리업 허가, 공공조달 관련 행정 절차 대행, 비영리법인 설립 허가 절차 대행 등이 있다. 이 외에도 출입국·체류 허가 및 체류 자격 변경·연장, 행정심판 청구서 및 이의신청서 작성, 진정·탄원·청원서 작성 등도 행정사의 주요 업무 영역에 포함된다. 민원인이 행정처분과 관련된 민원 구제 절차에 필요한 서류 작성과 절차 진행을 지원하고, 행정기관과 원활하게 소통할 수 있도록 돕는 역할을 수행한다.

광범위한 행정사의 업무는 어떻게 보면 양날의 검이며, 큰 장점이자 단점이다. 어떤 업무가 나에게 잘 맞고 꾸준히 수임으로 이어질 수 있는지, 초보 행정사라면 빠르게 해답과 돌파구를 찾아야 한다. 나의 1년을 돌아보면 이것저것 닥치는 대로 해보는 것보다, 한두 가지만 꾸준히 파는 것이 더 중요하다는 결론에 이르렀다.

지금 당신은 부동산 업무를 하고 있는가? 그렇다면 어떤 중개를 하고 있는지 돌아보고, 부동산과 행정을 연결해 원스톱 전문가로 성장해보자.

행정사가 수행할 수 없는 업무(분쟁 주의)

행정사의 업무 범위는 '행정사법'에 따라 정해져 있으며, 이를 벗어나는 업무를 수행할 경우, 타 자격사와의 법적 분쟁으로 이어질 수 있다. 실제로 나 역시 인근 건물주분들로부터 "행정사도 등기까지 할 수 있는 거 아니에요?", "소장 작성도 가능하지 않나요?"와 같은 질문을 받은 적이 있다. 행정사의 업무 범위에 대한 오해에서 비롯된 경우였다.

이처럼 업무 범위를 벗어나는 일은 절대 해서는 안 되며, 불필요한 분쟁이 발생하지 않도록 주의해야 한다. 행정사는 법률상 소송대리권을 보유하지 않으므로 법원을 상대로 하는 민사·형사·행정소송에서의 대리 행위는 할 수 없다. 또한 부동산등기·상업등기 등 등기

신청을 대리하는 업무 역시 행정사의 업무 범위에 포함되지 않는다. 이는 다른 전문 자격사의 업무로, 수행할 경우 위반 소지가 크다.

이러한 점을 분명히 인식하고, 다른 전문 자격사와 협업하는 태도가 중요하다. 행정사 업무를 하다 보면 노무사, 변호사, 변리사, 법무사, 건축사 등 다른 전문 자격사들과 협업할 기회가 자연스럽게 많아진다.

행정사의 시작

행정사 창업

　행정사 창업은 공인중개사 사무소와 비교했을 때 공간 선택의 자유도가 매우 높은 편이다. 부동산 중개업은 '공인중개사법'에 따라 사무소 요건이 비교적 엄격하고, 가시성과 접근성이 중요한 업종이지만, 행정사는 그러한 제약이 상대적으로 적다. 실제로 행정사 업무는 반드시 1층 로드숍 형태의 사무실을 고집할 필요가 없다.

　행정사는 주거지에서도 창업이 가능하다. 일정 요건을 갖춘다면 자택에 사업자를 내는 것이 가능해, 초기 고정비를 최소화하고 싶은 행정사에게는 상당히 좋은 선택지가 된다. 다만 명함에 집 주소를 노출하는 것이 부담스럽다면, 공유오피스를 활용한 사업자등록도 현실적인 대안이다. 사업자등록이 가능한 공유오피스가 늘어나면서 초기 비용 부담 없이 사무실 주소를 확보할 수 있다. 상담이나 미팅은 외부에서 진행하거나, 공유오피스의 미팅룸을 활용하는 방식도 충분히 가능하다.

물론 바로 1인 사무실을 임차해 개업하는 경우도 적지 않다. 다만 자본 여력이 충분하지 않다면, 공유오피스나 합동 사무소에서 시작하는 것이 보다 안정적인 선택이 될 수 있다.

행정사 사무소는 공인중개사 사무소와 달리 '로드 손님'의 비중이 매우 낮다. 지나가다가 사무실을 보고 들어오는 경우보다는 소개, 온라인 검색, 기존 의뢰인의 재의뢰를 통해 업무가 발생하는 경우가 많다. 따라서 도심 빌딩 1층이 아니어도, 건물의 2층 이상이나 상층부에 위치한 사무실에서도 업무 수행에는 큰 지장이 없다. 오히려 접근성이 지나치게 좋은 1층을 피하는 행정사들도 적지 않다. 무료 상담만을 목적으로 방문하는 내방객이 잦아질 경우, 업무에 집중하기 어렵기 때문이다.

실제로 홍대에서 내가 운영하는 공인중개사·행정사 사무실에도 약속 없이 상담만을 위해 찾아오는 분들이 종종 있다. 이런 경우 대부분 무료 상담을 기대하고 방문한다. 이로 인해 다른 업무를 진행하다가 당황했던 경험도 적지 않다. 이러한 이유로 상담은 예약제로 운영하고, 필요할 때만 방문하도록 유도하거나 행정사가 출장을 감으로써 업무 효율을 높이는 경우가 많다.

지금 행정사 창업을 고민한다면 집, 공유오피스, 합동 사무소 등 다양한 선택지 중 자신의 자본 상황과 업무 성격에 맞는 공간을 선택하는 것이 바람직하다.

합동 사무소와
법인 행정사 사무소 공유오피스의 차이

행정사를 취득하고 일을 시작하기 전, 가장 많이 고민하게 되는 부분 중 하나는 합동사무소로 시작할 것인지, 아니면 법인행정사 사무소에 소속되어 일할 것인지다. 이 선택에 따라 업무 방식과 수익 구조가 달라진다.

먼저 행정사 공유오피스는 여러 명의 행정사가 하나의 공간을 함께 사용하는 형태다. 입주한 행정사들은 각자 개인사업자로 사업자 등록을 하며, 비용은 보통 월 30~50만 원 선으로 형성되는 경우가 많다. 초기 자본이 많지 않은 행정사에게는 부담이 적은 구조다.

행정사 공유오피스의 가장 큰 장점은 리스크가 낮다는 점이다. 매출이 없더라도 고정비 부담이 크지 않아 비교적 안정적으로 버틸 수 있고, 수임한 사건의 수익은 전부 본인에게 귀속된다. 또한 선배 행정사나 다른 분야 행정사들과 자연스럽게 교류하며 정보를 얻을 수 있고, 이후 개인 사무소로 독립하는 데도 부담이 적다.

그리고 합동사무소는 2명 이상의 행정사가 행정사법에 따라 공동으로 설치·운영하는 사무소 형태다. 단순히 공간을 함께 사용하는 것이 아니라, 하나의 합동사무소로서 공동의 명칭으로 업무를 수행한다. 합동사무소는 초기 개업 비용과 운영 부담을 분담할 수 있다는 장점이 있어, 초기 자본이 많지 않은 행정사에게 현실적인 선택지가 되기도 한다. 다만 운영 방식과 비용 구조는 지역과 형태에 따라 차이가 있다.

반면 법인행정사 사무소는 법인에 소속되어 소속 행정사로서 업무를 수행한다. 사건은 개인이 아닌 법인이 수임하며, 행정사는 소속 행정사로서 업무를 처리한다. 수익 배분 구조는 사무소마다 다르지만, 일반적으로 법인 80%, 행정사 20% 구조가 가장 흔하다. 다만 본인이 직접 영업해 수임한 사건의 경우 5:5로 나누는 구조를 택하는 법인도 적지 않다.

행정사 초기에 다양한 업무를 접하기 어려운 현실을 고려하면, 소속 행정사로 근무하며 여러 유형의 사건을 경험할 수 있다는 점은 분명 장점이다. 사실 나 역시 공인중개사·행정사 사무실을 함께 운영하며, 잠시나마 소속 행정사로서 업무를 배우고 싶다는 생각을 했던 적이 있다. 중개법인 대표라는 현실적인 이유로 선택하지 못했지만, 개인적으로는 아쉬움이 남는 부분이다.

행정사 공유오피스와 합동사무소, 법인행정사 사무소 중 어느 쪽이 더 낫다고 단정할 수는 없다. 중요한 것은 각자의 장기적인 목표에 맞는 선택을 하는 것이며, 그것이 결국 가장 합리적인 창업 전략이 된다.

행정사는 다른 전문직과 협업을 할 수 있을까?

행정사 업무는 전문 분야로 갈수록 협업이 필수다.

비자 업무의 경우, 행정사는 출입국관리법상 체류 자격 검토와 행정 절차를 담당하고, 고용 문제가 수반될 때는 노무사, 법적 분쟁 가능성이 있을 때는 변호사와 협업하게 된다.

건축사와의 협업도 빈번하다. 용도변경 허가의 경우 행정사는 해당 건축물이 용도변경 대상에 해당하는지, 관계 법령상 제한은 없는지, 어떤 인허가 절차가 필요한지를 검토하고 행정청과 소통한다. 건축사는 도면 작성, 설계 변경, 건축 기준 충족 여부에 대한 기술적 판단을 담당한다. 이처럼 역할을 명확히 분리하면 업무 효율과 안전성을 동시에 확보할 수 있다.

초기에 행정사로서 다양한 분야에 도전하고 싶은 마음이 드는 것은 자연스러운 일이다. 그러나 실무에 들어오면 모든 분야를 혼자 처리하는 것은 불가능하다. 이때 중요한 것은 업무 범위를 무리하게

넓히는 것이 아니라, 분야별 전문가들과의 협업 구조를 설계하는 일
이다.

행정사의 전문성이란 어디까지가 자신의 역할인지 정확히 알고,
어떤 전문가와 협업해야 의뢰인의 일을 빠르고 안전하게 마무리할
수 있는지를 판단하는 데서 나온다. 그것이 결국 신뢰받는 행정사의
조건이다.

행정사 교육은
어디에서 받아야 할까?

　행정사로 개업을 준비하거나 막 실무에 들어선 예비 행정사들에게 나는 항상 같은 이야기를 한다. 행정사 교육은 사교육이 먼저가 아니라, 대한행정사회 중앙교육연수원을 중심으로 받으라는 것이다. 물론 사교육이 전혀 의미 없다고 말하고 싶은 것은 아니다. 특정 분야에 특화된 강의나 실무 경험이 풍부한 선배 행정사의 교육은 분명 도움이 될 수 있다. 문제는 선별 없이 돈만 쓰며 다니는 교육이다.

　행정사 시장에는 수십만 원에서, 많게는 수백만 원에 이르는 각종 실무 교육이 넘쳐난다. 인허가, 비자, 토지 보상, 행정심판, 인증 업무 등 주제도 다양하다. 처음 개업한 행정사일수록 불안한 마음에 이런 교육을 하나라도 놓치면 뒤처질 것 같다는 생각이 든다. 나 역시 그랬다. 하지만 매달 하나씩 교육을 듣다 보면, 몇 개월 만에 수백만 원의 지출은 금세 발생하게 된다. 문제는 그 비용 대비 실제로 머리에 남는 것이 많지 않다는 것이다. 그리고 행정사 초기에 가장 중

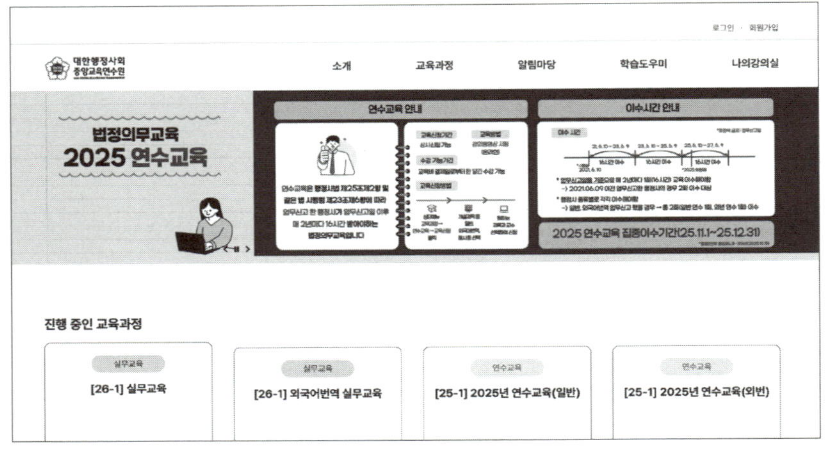

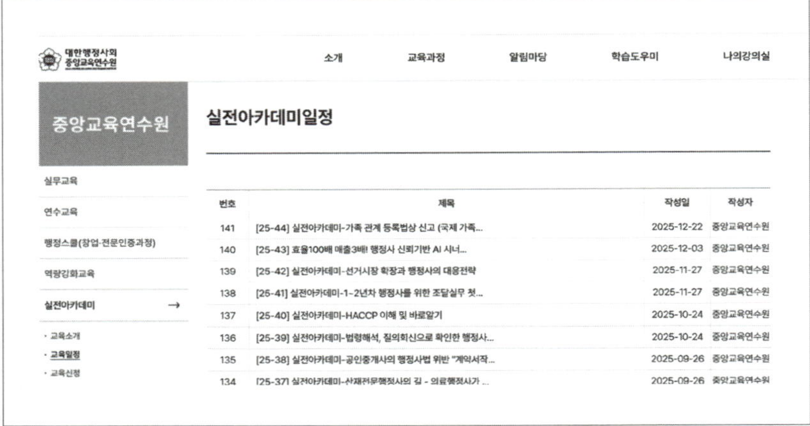

(출처 : 대한행정사회 중앙교육연수원)

요한 것은 제도와 직역을 가장 잘 아는 대한행정사회 중앙교육연수원의 교육에서 훨씬 안정적으로 배울 수 있다.

중앙교육연수원의 교육은 가격 부담이 상대적으로 적고, 내용 또한 직역 보호와 실무 기준에 맞춰 구성되어 있다. 온라인 교육도 함께 운영되고 있어, 원하는 시간에 집이나 사무실에서 유연하게 수강할 수 있다는 점도 장점이다.

초보 행정사에게 사교육의 가장 큰 위험은, 아직 자신의 주력 분야가 정해지지 않은 상태에서 무작정 교육비와 시간을 소비하게 된다는 점이다. 행정사 업무는 흔히 3,000가지가 넘는다고 말한다. 모든 분야를 다 잘할 수는 없다. 그럼에도 교육을 듣다 보면, 당장 하지도 않을 업무에 미리 돈과 시간을 쓰게 되는 경우가 많다.

차라리 그 시간에 실제 사건을 하나라도 더 검토해보고, 행정기관에 직접 문의해보며, 선배 행정사들의 실제 사례를 듣는 편이 훨씬 도움이 된다. 올해 많은 경험을 하며 느낀 점이기에, 나는 늘 이렇게 말한다.

교육은 중앙교육연수원으로 충분하다. 원하는 교육이 없다면 직접 신청해보자. 본인이 하고 싶은 주력 분야가 어느 정도 정해졌을 때, 그때 정말 필요한 사교육만 선택적으로 듣는 것이 맞다. 높은 비용의 모든 사교육이 행정사의 앞길을 탄탄대로로 만들어주는 것은 아니다.

본업과 행정사 겸업 시
주의할 점

본업이 있는 분이라면, 나는 되도록 행정사를 겸업으로 시작하라고 말하고 싶다. 절대 본업을 성급하게 버리지 말자.

앞서 언급한 민행24 박준규 행정사의 조언처럼 이제 막 개업한 햇병아리 행정사는 버티는 시간이 중요하다.

아무리 월세가 비교적 저렴한 합동 사무소에서 시작한다고 해도, 매달 빠져나가는 고정비용과 생활비는 결코 무시할 수 없다. 그리고 무엇보다 생활을 유지하기 위한 최소한의 지출조차 초보 행정사에게는 부담이 될 수 있다. 수임이 안정화되기 전까지는 수입보다 지출이 크기 때문이다.

나 역시 공인중개사와 행정사를 겸업하며 초반에 많은 시행착오를 겪었다. 행정사 업무의 범위가 워낙 넓다 보니, 하고 싶은 업무도 많았고 배우고 싶은 분야도 끝이 없었다. 인허가, 비자, 행정심판, 민간자격, 비영리법인 설립, HACCP까지 욕심을 냈다. 그 결과, 시간과 비용을 적지 않게 지출하고 나서야 중요한 사실 하나를 깨닫게 되었다.

선배 행정사님들이 말씀하신 것처럼, 나처럼 겸업을 하는 경우라면 본업을 지키면서 한두 가지 분야만 깊게 파고들어야 한다는 점이다. 업무 영역을 넓게 가져가면 좋아 보일 수 있지만, 실제로는 새로운 업무가 들어올 때마다 다시 공부해야 하는 시간이 발생한다.

행정사는 단기간에 여러 분야를 동시에 잘할 수 있는 직업이 아니다. 오히려 특정 분야에서 반복 경험을 쌓아야 비로소 안정적인 수익 구조가 만들어진다. 나는 본업이 있는 분이라면 최소 1년, 가능하다면 그 이상은 본업을 절대 버리지 말고 행정사를 병행하라고 말하고 싶다. 본업에서 발생하는 안정적인 수입은 행정사로서의 시행착오를 견딜 수 있는 버팀목이 된다. 그 시간 동안 자신에게 맞는 업무 분야를 찾고, 시장에서 통하는 영역이 무엇인지 확인할 수 있다.

행정사는 분명 가능성이 있는 직업이다. 버틸 수 있는 구조를 먼저 만들고, 한 분야에 집중하며, 시간을 아군으로 만드는 것이 행정사를 오래, 그리고 제대로 해나가는 방법이다.

09

모든 공부 습관과
루틴

공부는
'관리'다

진정한 공부에는 의지도 중요하지만, 그보다 더 중요한 것은 '공부하겠다는 나의 의지를 어떻게 관리하느냐'다.

내가 처음 행정사 공부를 시작했을 때는 이 관리를 제대로 하지 못했다. 일에 치이고, 사람에게 치이며 하루하루를 버티는 것만으로도 벅찼다. 공부할 시간을 조금도 확보하지 못했고, 결국 "지금은 공부할 환경이 아니다"라는 핑계를 대며 도망쳤다. 그 결과, 행정사 공부는 진척되지 않았고, 독학한다며 2년이라는 시간을 허송세월로 보냈다.

많은 사람들이 처음 공부에 실패하는 이유도 비슷하다. 이제 막 시작하면서 얄팍한 의지에만 의존하기 때문이다.

'이번에는 꼭 열심히 해야지.'

'매일 3시간씩 공부하겠다.'

이런 다짐을 혼자 해보지만, 그 결심은 길어야 작심삼일이다. 공부 습관이 몸에 배지 않은 상태에서 의지만으로 버티려다 보니 금방 포기하게 된다. 결국 공부는 의지의 문제가 아니라 자기 관리의 문제다.

나의 공부 환경이 나의 행동을 만든다. 내가 예전에 공인중개사 공부를 시작했을 때 가장 먼저 한 일은 교재를 사는 것이 아니었다. 집 안에 집중할 수 있는 환경을 만드는 것이었다.

작은 방 하나를 정리해 공부방으로 만들고, 책상 하나와 책장만 두었다. 그 위에는 교재와 노트 외에는 아무것도 올려두지 않았다. 휴대폰은 다른 방에 두고, TV 리모컨은 서랍 안에 넣어버렸다. 그러자 집에 들어오면 옷을 갈아입고 자연스럽게 책상에 앉게 되었다. 공부를 방해하는 요소를 모두 치워버리니, 공부를 하지 않을 수 없는 환경이 만들어진 것이다.

사람은 자신이 만든 환경 속에서 행동한다. 그래서 스스로를 공부할 수밖에 없는 환경에 두는 것, 이것이 내가 생각하는 자기 관리의 핵심이다.

매일 같은 시간, 같은 장소에서 같은 행동을 반복하면 그것은 습관이 된다. 습관이 된 공부는 억지로 하지 않아도 자연스럽게 몸에 밴다.

내가 공인중개사 공부를 하며 깨달은 것은 공부의 지속 여부는 결국, 습관 형성에 달려 있다는 사실이다. 습관을 만들기 위해서는 작은 행동을 꾸준히 반복해야 한다. 하루에 10시간을 공부하겠다는 거창한 계획보다 하루 30분이라도 매일 같은 자리에 앉는 것이 훨씬 장기적이고 효과적인 방법이다.

　방해 요소를 치우고, 공부할 자리를 만들며, 내가 정한 공부 시간을 지키는 것. 이 단순한 행동들이 쌓여 결국 성과로 이어진다. 공부는 결국 환경과 습관의 싸움이다. 공부를 시작할 때 가장 먼저 해야 할 일은 '열심히 하겠다'라는 다짐이 아니라, 나를 공부하게 만드는 환경과 습관을 설계하는 것이다. 그렇게 공부 습관을 만들어놓으면, 시간이 지나 결국 누구든 자신이 원하는 목표에 도달하게 된다.

새벽형
인간이 되자

나는 행정사 공부를 할 때 공인중개사 업무와 병행했다. 낮에는 고객 전화를 받아야 했고, 현장 미팅과 계약 준비로 하루가 너무 빠듯했다. 체력에도 한계가 왔다.

문제는 행정사 시험 2차였다. 1차처럼 객관식이 아니라 약술·서술형 시험이었고, 모르면 그대로 백지를 내야 하는 구조였다. 찍어서 맞힐 수 있는 시험이 아니었다. 게다가 공부 범위는 공인중개사보다 훨씬 방대했다.

이 상황에서 필요한 것은 1차 때의 단순한 의지가 아니라, 부족한 공부 시간을 확보하는 전략이었다. 그래서 선택한 방법이 미라클 모닝 공부였다.

오전 4시.

남들은 아직 잠든 고요한 새벽 시간이다. 나는 오전 3시 30분에 일어나 오전 4시까지 사무실로 출근했다. 전화도, 연락도 없는 시간.

온전히 나에게 허락된 공부 시간이었다. 아무도 없는 사무실 책상 앞에 앉아 전날 공부한 내용을 다시 펼쳤다.

이른 아침은 뇌가 가장 맑은 시간이다. 전날의 피로가 회복된 상태에서 복습을 하면 공부한 내용이 훨씬 선명하게 남았다. 모든 공부의 핵심은 결국 복습이다. 새벽에는 전날 학습한 내용을 다시 보고, 공부의 진도는 절대 나가지 않았다. 진도는 저녁에 이어갔다. 낮에는 업무에 집중해야 했기 때문에, 나에게 허락된 진짜 공부 시간은 바로 이 새벽뿐이었다.

또 하나 좋았던 점은 새벽에 하루를 시작하면 생기는 자신감이었다. 이미 공부를 끝낸 상태에서 아침을 맞이하면 하루의 결이 달라진다. 업무에서 오는 스트레스와 피로 속에서도 '오늘 해야 할 공부는 끝냈다'라는 확신이 멘탈이 약한 나에게 큰 버팀목이 되어주었다.

나는 이렇게 매일 새벽 4시면 사무실 책상 앞에 앉았다. 처음에는 힘들었지만, 곧 하나의 습관이 되었다. 알람이 울리면 망설임 없이 일어나 사무실로 향했다. 미라클 모닝은 단순히 시간을 일찍 쓰는 방법이 아니라, 하루 전체의 질을 바꾸는 습관이었다. 이 리듬을 계속 반복했다.

새벽은 진심으로 집중도가 높은 프리미엄 시간이다.

미라클 모닝은 내 삶의 질까지 바꿔놓았다. 행정사에 합격한 지금도 나는 여전히 비슷한 패턴을 유지하며, 누구보다 하루를 일찍 시작하고 있다.

모든 공부는
복습이 포인트다

나는 사람들에게 농담처럼 말하곤 한다. 공부법에 관한 책을 여러 권 읽다 보니, 어느새 12권이나 사서 읽었다고. 나에게 맞는 공부 방법과 암기 방법을 찾지 못해 이것저것 공부법 책을 찾아봤는데, 책마다 강조하는 방식은 모두 달랐다. 어떤 책은 이미지를 활용한 암기법을 말하고, 어떤 책은 체계적인 계획표의 중요성을 강조한다.

그중 실제로 나에게 가장 잘 맞았던 방법은 이른바 기억의 궁전 방식이었다. 머릿속에 특정 장면이나 영상을 만들어 내용을 저장하는 방식인데, 확실히 기억에 오래 남는다는 장점이 있었다. 하지만 12권의 책을 모두 읽고 나서 내린 결론은 하나였다. 모든 공부 방법의 핵심은 결국, 반복과 복습이라는 사실이다.

많은 사람들이 공부에서 가장 중요한 것은 머릿속에 내용을 최대한 많이 외워 넣는 것이라고 착각한다. 하지만 현실은 다르다. 단순한 암기만으로는 장기적인 학습 효과를 기대하기 어렵다. 중요한 것은 이해를 기반으로 한 암기다. 개념을 이해한 뒤 반복적으로 복습하면 기억은 훨씬 오래간다. 이해가 부족한 상태에서 억지로 외운 내용은 쉽게 잊히지만, 이해된 내용은 짧은 반복만으로도 자연스럽게 장기 기억으로 넘어간다.

공부한 내용이 단기 기억에 머무르지 않고 장기 기억으로 전환되기 위해 가장 필수적인 것이 바로 복습이다. 단순히 한 번 공부하고 끝내는 것이 아니라, 그날 배운 내용을 반드시 복습한 뒤 잠자리에 드는 것이 중요하다. 잠은 자는 동안 뇌가 암기한 내용을 정리하는 시간이다. 다음 날 아침에는 새로운 진도를 나가기보다 전날 학습한 내용을 먼저 복습하는 것이 좋다. 이렇게 하면 단기 기억이 보다 확실한 장기 기억으로 자리 잡는다.

심리학자 에빙하우스(H. Ebbinghaus)가 제시한 망각곡선은 복습의 중요성을 잘 보여준다. 인간은 공부한 내용을 시간이 지날수록 급격히 잊어버린다. 첫날 배운 내용은 하루만 지나도 절반 가까이 사라지고, 일주일이 지나면 70% 이상을 기억하지 못한다. 그러나 일정한 간격으로 반복해 복습하면 망각의 속도는 크게 늦출 수 있다.

여기서 중요한 것은 '망각하기 전에 복습하는 것'이다.

실천적인 방법으로 널리 알려진 것이 바로 1·4·7·14 복습법이다. 이는 학습한 내용을 1일, 4일, 7일, 14일 후에 다시 복습하는 방식이다. 이 주기를 지키면 기억이 단기에서 장기로 전환되는 속도가 빨라지고, 망각의 위험을 최소화할 수 있다. 뇌는 정보를 반복적으로 마주할수록 이를 중요한 정보로 인식해 더 오래 저장하려고 하기 때문이다.

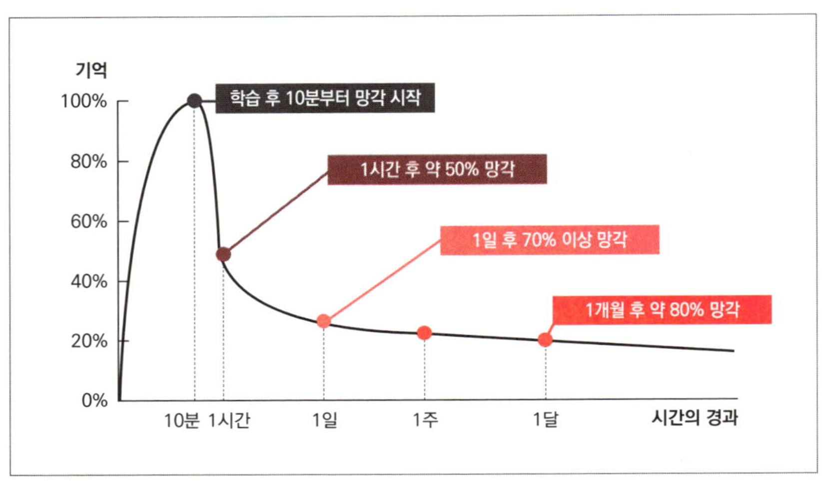

에빙하우스의 망각곡선(출처 : 저자 제공)

이 방법은 단순하지만 확실하다. 실제로 많은 합격 수기에서도 "규칙적인 복습 루틴이 가장 큰 힘이 되었다"라는 말이 빠지지 않고 등장한다.

공부법 책을 여러 권 읽다 보면 마인드맵, 플래시카드, 기억술, 속독법 등 화려한 기술들이 쏟아진다. 하지만 결국 시험장에서 힘을 발휘하는 것은 반복이라는 단순한 원칙이다. 기출문제를 반복해서 풀고, 오답을 반복해서 확인하며, 복습 일정을 반복해서 지켜나가는 것.

내가 읽은 12권의 공부법 책들 역시 결론은 하나였다. 모두 각자의 방식으로 말하지만, 가장 중요한 것은 결국 복습이라고 외치고 있었다. 어떤 방법을 택하든 성패를 가르는 기준은 단 하나, '얼마나 성실하게 반복했는가'다.

하루 10시간을 몰아서 공부하는 것보다 하루 2시간을 꾸준히 반복하는 편이 더 효과적일 수 있다.

복습 없는 공부는 바람 부는 모래 위에 모래성을 쌓는 것과 같다. 반면 복습이 있는 공부는 하얀 도화지 위에 선을 그리고, 색을 입히며, 결국 하나의 완성된 그림으로 남는다.

'할 수 있다'라는
긍정적인 마인드

나는 정말 바보같이 행정사 공부를 독학으로 시작했다.

중개 업무도 바쁘고, 집에 오면 집중도 안되어 몸도 너무 힘들었다. 그러다 보니 공부를 계속 미루게 되었고, 나도 모르게 시험 준비에 대한 심리적 압박이 쌓여 멘탈이 무너졌다.

1년 차에는 '다음 해에 2차를 보면 되지'라는 생각으로 2차 문제를 받자마자 시험을 포기하고 나왔다.

2년 차에는 시험 자체를 아예 포기하고, 시험 전날 독일 옥토버페스트 축제에 놀러 갔다.

3년 차에 후회를 하며 다시 시작해 1차를 다시 보고, 2차 동차 시험에 들어갔지만 시험장 책상에 앉자 숨이 막히고 어지러워 문제를 읽을 수조차 없었다. 멘탈이 무너진 내 상태를 제대로 인지하지 못한 채 시험에 들어간 결과, 3년 차 시험도 망치고 말았다.

4년 차 유예 기간에는 중개 업무와 한 임대인의 지속적인 압박이 겹치며 숨이 턱끝까지 차오르는 순간들을 마주했다. 처음에는 인정하기 어려웠지만, 끝내 나는 내 상태를 받아들이고 심리치료를 받았다. 그제야 일과 공부에 다시 전념할 수 있었다. 쉽지 않았지만, 스스로에게 긍정적인 말을 되뇌며 결국 합격을 거머쥘 수 있었다.

돌이켜 보면 나는 그동안 '시험에 떨어지면 어쩌지?'라는 부정적인 생각을 안고 무작정 버티듯 공부해왔다. 그러다 보니 나도 모르게 정신적으로 너무 지쳐 있었던 것이다.

여러분도 시험 준비를 하다 보면 이런 생각이 들 때가 있을 것이다.

'나는 정말 할 수 있을까?'
'이 많은 양을 언제 다 외우지?'
'다른 사람들은 다 잘하는데 나만 뒤처지는 것 같아.'

이런 부정적인 생각들이 머릿속을 맴돌 때가 분명 있다.

하지만 똑같은 상황에서도 '나는 할 수 있다', '오늘도 한 걸음 더 나아가고 있다', '어려워도 포기하지 않겠다'라고 생각하는 사람들이 있다. 신기하게도 이 두 부류는 전혀 다른 결과를 만들어낸다. 우리의 마음가짐이 실제로 뇌의 작동 방식을 바꾸고, 학습 능력에 직접적인 영향을 미치기 때문이다.

공부하다 보면 누구에게나 좌절의 순간은 온다. 모의고사에서 예상보다 낮은 점수를 받거나, 어려운 문제 앞에서 숨이 막혀 포기하고 싶어지는 순간 말이다.

이때 '역시 나는 안 돼'라고 생각하는 사람과 '이번 실패로 부족한 부분을 알았으니 더 나아질 수 있어'라고 생각하는 사람의 차이는 크다.

전자는 실패에서 멈추며, 그동안 쌓아온 공부에 대한 의욕마저 잃는다. 반면 후자는 실패를 발판 삼아 약점을 점검하고, 더 나은 공부 방법을 찾아간다.

누군가는 이렇게 말했다.

"성공은 실패에서 실패로 가면서도 열정을 잃지 않는 능력이다."

긍정적 마인드는 바로 이런 열정을 유지시켜주는 힘이다. 그렇다면 어떻게 해야 긍정적인 마인드를 기를 수 있을까?

첫째, 작은 성공을 만들어보자.

하루에 딱 한 가지만 제대로 해내면 된다. 어려운 문제 하나를 풀었다면 '나는 해냈다'라고 스스로를 인정하자. 작은 성공이 쌓여 결국 큰 자신감이 된다.

둘째, 긍정적인 언어를 사용하라.

"못하겠다" 대신 "아직 모르겠다"라고 말하자. "어렵다" 대신 "다시 해보자"라고 표현하자. 이런 언어의 변화만으로도 불안한 생각이 줄어들고, 긴장과 스트레스가 조금씩 가라앉는다.

셋째, 과정에 집중하라.

결과만 보지 말고, 노력하는 과정 자체를 인정하자. "오늘 3시간 공부했다", "어려운 개념 하나를 이해했다"라는 것만으로도 충분한 성취다.

넷째, 실패를 다시 바라보자.

틀린 문제는 "내가 바보라서"가 아니라 "아직 연습이 부족해서"다. 낮은 점수 하나로 멘탈이 무너져 '나는 안 돼'라고 낙담하지 말자. 혼자 긍정적으로 생각하기 어렵다면, 공부를 함께할 사람과 연결되자. 서로 격려하고 응원하는 스터디 그룹에 참여하거나, 같은 목표를 가진 사람들과 매일 조금씩 소통해보자. 작은 성취를 나누는 것만으로도 자신감은 함께 자란다.

나는 시험 당일 새벽에도 일찍 일어나 책을 속독하며 스스로에게 다짐했다.

'그동안 정말 최선을 다해 준비했다. 오늘은 이 실력을 다 쏟아내자. 모르는 문제가 나와도 절대 당황하지 말고, 문제를 3번은 읽자.'

실제로 그 마음가짐을 쓴 문구를 2차 시험 한 달 전부터 출력해서 옷장에 붙여놓고 계속 봤다.

〈어려운 문제가 나와도 당황하지 말 것. 문제를 3번은 읽어볼 것〉

어려운 문제가 나와도 당황하지 말고 '이것도 분명히 풀 수 있는 문제야'라고 생각하자는 마음가짐 하나로 시험장에 갔다.

'나는 문제를 제대로 읽고, 내가 외운 것을 쓸 수 있어'라고 속으로 외치며 시험지를 받자마자 문제를 2~3번 꼼꼼히 읽고 체크하며,

미친 듯이 써내려갔다. 그 결과 행정사 2차에 합격했고, 결국 행정사 자격증을 손에 넣을 수 있었다.

'할 수 있다'라는 긍정적인 마음가짐은 공인중개사 자격을 취득한 후 실무에서도, 행정사로 개업한 후에도 계속 도움이 되었다. 어려운 고객을 만나도, 복잡한 일이어도 '나는 해결할 수 있다'라는 자신감으로 임할 수 있다. '전에도 해냈으니까 이번에도 할 수 있어'라는 마음으로 활기차게 일을 한다.

오늘부터 말해보자. 지금, 이 순간부터 시작하라. 거창한 계획과 마음이 필요한 것이 아니다. 오늘 밤 잠자리에 들기 전에 스스로에게 말하라.

"나는 오늘도 포기하지 않고 나아갔다. 내일도 똑같이 이처럼 할 수 있다."

모의고사는
선택이 아닌 필수다

자격증 시험을 준비하다 보면 누구나 한 번쯤 이런 말을 듣는다. "모의고사를 꼭 봐야 한다."

자격증 시험을 준비하던 중, 나는 학원 주말반 모의고사를 한 번도 빠지지 않고 응시했다. 홍대입구역에서 오전 첫 지하철을 타고 서울대입구역 학원으로 향했고, 늘 1~2등을 다투며 가장 먼저 도착했다. 맨 앞자리에 앉아 바로 복습하며 컨디션을 끌어올렸다.

단계별 시험에서는 점수가 비교적 잘 나왔지만, 종합반으로 넘어가자 성적은 한순간에 뒤로 밀렸다. 그때 절실히 깨달았다. 전 범위 모의고사 훈련 없이는 절대 합격권에 도달할 수 없다는 사실을.

축구선수가 개인 훈련만으로 실전 경기에서 실력을 발휘할 수 없는 것처럼, 시험도 마찬가지다. 집에서는 잘 풀리던 문제가 시험장에 가면 낯설게 느껴진다. 그 이유는 '낯선 환경' 때문이다. 낯선 공간, 시간의 압박, 주변 수험생들의 한숨과 긴장된 분위기가 겹치면

평소 실력의 절반도 내기 어렵다.

모의고사는 바로 이 환경을 재현한다. 같은 시간, 같은 문제 수, 낯선 문제를 접하며 실제 시험과 같은 긴장감을 경험하게 한다. 이 과정을 거치지 않으면, 실전에서 공부한 실력이 제대로 나오지 않는다. 시험장에서 가장 무서운 것은 '모르는 문제'가 아니다. '아는 문제를 너무 긴장해서 틀리는 것'이다.

너무 긴장해서 실수하는 경우가 너무 많다. 그러나 모의고사를 반복한 수험생은 다르다. 모의고사에서 연습했던 것만큼 문제를 침착하게 풀 수 있다. 모의고사는 단순한 문제풀이가 아니라 멘탈을 단련하는 가장 현실적인 훈련이다. 어떤 과목부터 풀 것인지, 헷갈리는 문제는 언제 다시 볼 것인지, 모르는 문제를 백지로 둘지, 아는 내용을 조합해 써낼지. 이런 판단은 실제 시험과 같은 조건에서 반복해봐야 몸에 남는다. 그래서 모의고사는 단순한 연습이 아니라, 나만의 합격 전략을 검증하는 시간이다.

많은 수험생이 이렇게 말한다.

"아직 공부가 부족해서 모의고사를 보기 부끄럽다."

그러나 사실은 정반대다. 모의고사는 준비가 덜 되었을 때 가장 큰 의미가 있다. 완벽하게 준비한 뒤 보는 모의고사는 단순한 점검일 뿐이다. 기본서를 한 번이라도 끝냈다면 점수와 상관없이 당장 첫 모의고사에 도전해야 한다. 그것이 현실을 직시하는 출발점이다.

학원까지 가서 모의고사를 보면 하루가 다 간다. 그래서 많은 수험생이 '그 시간에 교재를 한 번 더 보는 게 낮지 않을까?' 하며 망설인다. 시간이 아깝다며 모의고사를 준비하지 않는다.

그러나 내 경험상 시험일이 어느 정도 다가왔다면 교재를 10번 보는 것보다 모의고사 1번의 가치가 훨씬 크다. 실제 시험장에서 느낄 수 있는 긴장감과 시간 감각은 혼자 교재를 읽는 것만으로는 절대 얻을 수 없다. 모의고사는 비용이 아니라 합격을 위한 투자다. 만약 시험장과 같은 모의고사를 볼 수 없다면, 온라인으로 문제를 다운받아 시간을 재고 풀어보는 것도 좋고 스터디그룹을 만들어 진행하는 것도 추천한다. 모의고사는 선택이 아니다. 필수다.

준비하는 시험이 있다면 모의고사 일정을 확인하고 신청하라. 그것이 합격을 필연으로 만드는 가장 확실한 길이다.

책은 가까이,
인간관계는 잠시 멀리

자격증 시험을 준비하는 과정에서 가장 큰 적은 바로 사람이다. 내가 행정사 시험을 준비할 때 절실히 깨달은 사실이다. 안 그래도 멘탈을 잘 잡아야 하는데, 쓸데없는 말로 인해 공부해야 하는 마음이 흔들린 적이 아주 많다.

시험 준비를 시작하면 주변에서 이런 말을 듣게 될 것이다.

"지금도 잘 살고 있는데 왜 굳이 자격증을 따려고 해?"

"편하게 살아. 굳이 고생을 사서 할 필요 있어?"

심지어 "행정사? 그거 그냥 공무원들이 발급해주는 자격증 아니야?"라며 비웃는 사람도 있었다.

이런 말은 겉으로는 걱정 같지만, 어려운 시험 준비의 의지를 꺾는 가장 위험한 말이다. 공부를 막 시작한 시기에 이런 소리를 들으면, 공부를 위해 어렵게 부여잡은 의지가 확 식는다.

'정말 내가 지금 공부하는 게 맞을까?'

'차라리 그냥 일 열심히 하면서 마음 편히 사는 게 낫지 않을까?'

시험 준비는 본질적으로 혼자 하는 외로운 싸움이다. 그런데 주변에서 이런 소리가 들리면 집중은 흐트러지고, 공부를 포기하고자 하는 유혹은 점점 커진다. 결국 사람들을 만나며 다시 이전의 생활로 돌아가버린다. 그래서 시험 기간 만큼은 본인의 의지로 인간관계에 거리를 두어야 한다. 합격을 목표로 한다면 우선순위를 바꿔야 한다.

'모임 한 번쯤은 괜찮지 않을까?'라는 안일한 생각은 버리자. 그날 잠깐 즐겁게 쉬었다고 해도, 다음 날 컨디션이 무너져 오전 복습조차 하지 못하게 된다. '한 번쯤 괜찮겠지'라는 생각 하나로 그동안 만들어온 공부 리듬은 쉽게 흐트러진다.

시험은 어떻게 보면 내 삶의 짧은 프로젝트다. 평생 공부만 하라는 게 절대 아니다. 시험을 준비하는 동안만이라도 인간관계를 과감히 줄이는 것, 그것이 합격을 앞당기는 지름길이다.

나는 행정사 시험을 준비할 때 인간관계를 철저히 줄였다. 주말이면 친구들이 만나자고 했지만, 나는 늘 거절했다. 오해를 사기도 했고, 연락이 뜸해진 사람도 많았다. 하지만 그 당시의 나는 무엇보다 합격이 절실했다. 왜냐하면 분명한 목표가 있었기 때문이다.

'이번에 반드시 행정사 자격을 취득한다.'

물론 주변 사람들의 이야기는 쉽지 않았다.

"그거 돈 안 되는 자격증이야."

"괜히 고생만 한다."

이런 말들을 계속 들었다. 그러나 나는 흔들리지 않기로 했다. 인간관계보다 중요한 것은 그 시점의 나에게는 행정사 합격이었다. 시험이 끝나면 만날 사람은 다시 만난다. 시험 준비는 내 인생 전체가 아니라, 인생의 짧은 한 시기일 뿐이다. 인간관계를 줄인다고 해서 평생 안 만나는 것도 아니다. 오히려 공부하는 동안 못 만났다는 이유로 서운해하며 연락이 끊긴다면, 그 또한 잘된 일이라고 생각했다. 내 인생에서 불필요한 인간관계를 자연스럽게 정리한 셈이니까.

실제로 나는 시험을 준비하며 많은 인간관계를 줄였고, 스스로 손절한 관계도 있었다. 대신 지금은 더 좋은 인간관계를 새로 만들며 인연을 이어가고 있다.

이 글을 읽는 당신이 시험을 제대로 보고 싶다면, 수험 기간을 줄이고 싶다면, 인간관계는 지금 당장 잠시 멀리하자. 사람들의 비웃음을 감내하고, 외로움을 견디는 것이 결국 합격으로 가는 가장 확실한 길이다.

사람 만나기를 진심으로 좋아하는 나 역시 혼자 독하게 시험을 준비했고, 결국 합격이라는 단맛을 짜릿하게 맛봤다. 많은 사람들이 비웃던 행정사 자격증은 지금 내 일에 엄청난 힘이 되고 있다. 건물 중개를 하면서 행정 절차를 함께 대행할 수 있고, 고객의 신뢰도는 자연스럽게 크게 쌓였다. 그리고 "중개사이자 행정사인 전문가"라는 나만의 브랜드도 만들어가고 있다.

만약 내가 인간관계에 시간을 쓰고, 놀고 싶은 마음과 불안한 마음을 달래느라 공부를 게을리했다면 어땠을까. 아마 지금의 결과는 없었을 것이다. 지금 나는 공인중개사와 행정사 두 자격증으로 시너지를 내며, 남들과는 차별화된 길을 걷고 있다.

부록

공인중개사와 행정사를
함께하는 의미

　공인중개사와 행정사, 이 두 자격증이 만나면 공인중개사와 행정사가 할 수 있는 영역은 무한히 넓어진다. 이것은 공인중개사의 레벨업 카드다. 나는 11년 차 공인중개사로, 중개 업무가 본업이다. 건물과 사무실 중개를 중심으로 업무를 해왔다. 그러다 어느 순간, 단순히 '계약'만으로는 채워지지 않는 부분들이 눈에 들어오기 시작했다. 거래가 끝난 뒤, 고객들이 사업 확장을 위해 각종 인허가나 비영리법인 설립 등 추가적인 행정 절차를 필요로 한다는 사실이었다.

　내가 처음으로 행정사 업무를 수임하게 된 계기도 중개 고객이었다. 몇 년 전 마포구 사옥을 중개했던 회장님께서, 내가 오랜 기간 공부해 행정사 자격을 취득했다는 사실을 알고, 농업법인 설립과 그에 따른 업무를 맡겨주신 것이다. 덕분에 별다른 홍보 없이도 행정사 일을 자연스럽게 시작할 수 있었다.

　가장 중요했던 건, 그분이 이미 중개를 통해 '나라는 사람'을 알고 있었다는 점이다. 굳이 다른 행정사를 찾을 필요 없이, 믿고 일을 맡겨주셨다.

그 경험은 나에게 분명한 깨달음을 주었다. 중개 이후에도 고객의 행정 수요는 계속 이어진다는 사실을 현장에서 직접 체감하게 된 것이다. 한 번의 거래가 단순한 부동산 계약으로 끝나는 것이 아니라, 고객의 사업 운영 전반으로 확장될 수 있다는 것을 보여주는 사례였다. 상가를 중심으로 하는 공인중개사라면 매물을 중개한 뒤 이어지는 옥외영업 신고도 수임할 수 있다. HACCP 인증이 필요한 업종이라면 자동으로 연결된다. 나는 오래전 중개했던 고객에게 연락이 와 HACCP 인증 일도 수임받았다.

외국인 직원이 많은 회사라면 그들의 비자 변경 업무까지 이어진다. 이 또한 공인중개사와 행정사의 결합이 만들어내는 또 다른 가능성이다. 단순히 계약만 도와주는 중개사가 아니라, 계약 이후의 실무까지 책임지는 전문가. 이 차이는 결국 고객이 체감하는 만족도의 차이로 이어진다.

공인중개사가 고객이 좋은 공간에서 사업을 시작할 수 있도록 돕는 역할이라면, 행정사는 그 사업이 안정적으로 성장하도록 뒷받침하는 역할이다. 두 자격증은 서로 다른 길처럼 보이지만 결국 하나의 지점으로 수렴한다. 한 사람의 고객을 처음부터 끝까지 책임지는 사업 파트너가 되는 것. 그것이 공인중개사와 행정사를 함께하는 가장 큰 의미다.

공인중개사 행정사 업무
Q&A

Q1. 공인중개사로 직업을 전환한 후 어떠셨나요?

A. 패션 디자이너는 나이가 들수록 감이 떨어져 평생 직업으로는 한계가 있었는데, 공인중개사로 평생 직업을 가질 수 있게 되었습니다.

Q2. 나이가 많은데 시작해도 괜찮을까요?

A. 공인중개사는 나이와 학력이 상관없습니다. 해마다 경험이 쌓이며 현장 지식이 축적되고, 그 경험이 손님에게 그대로 전달됩니다.

Q3. 부동산 공인중개사와 행정사를 같이 하면 좋은 이유가 뭔가요?

A. 고객에게 건물의 중개를 해주는 것으로 끝나는 것이 아닌, 사업 성장 파트너로 행정적인 문제와 절차, 그리고 기업 컨설팅으로

도움을 줄 수 있어 지속적인 관계가 됩니다. 그래서 주택 전·월세를 전문으로 하는 공인중개사보다 저처럼 사업가를 만나는 근린생활시설, 사무실, 빌딩 중개를 전문으로 하는 것이 시너지가 좋습니다.

Q4. 두 자격증 중에 어떤 것이 수익이 좋나요?

A. 저는 솔직히 빌딩을 주로 해서 공인중개사로 한 번의 계약 건이 크기에 지금 당장은 공인중개사입니다. 행정사로 자리 잡으려면 몇 년이 더 걸리겠지만, 장기적으로 안정적인 수익률을 생각한다면 미래에는 행정사입니다.

Q5. 공인중개사 자격증은 따면 바로 개업이 가능한가요?

A. 가능하지만, 실무 경험을 쌓은 뒤 개업하라고 권하고 싶습니다.

Q6. 소속 공인중개사와 중개보조원 차이가 뭐예요?

A. 소속 공인중개사는 공인중개사 자격증을 취득해 직원으로 일하는 사람이고, 중개보조원은 자격증 없이 현장 안내를 도와드리는 차이입니다. 보통 부동산 공인중개사 사무소에서 소속 공인중개사, 중개보조원 인센티브 비율은 같습니다.

Q7. 행정사는 어떤 일을 하나요?

A. 행정사는 행정 절차에 관련한 모든 일, 즉 행정소송 빼고는 많은 일들을 할 수 있습니다. 고객이 민원인이라면 거기에 앞장서서

어려운 일을 빠르게 도와드릴 수 있습니다.

Q8. 행정사 자격증은 공인중개사와 비교해 얼마나 어렵나요?

A. 1차는 행정사가 솔직히 더 쉽습니다. 하지만 2차에서는 서술형 답안이라 문제를 이해하고 결론을 내야 하는 것이라 문제를 이해하지 못하면 백지로 제출할 수 있습니다. 최근 B학원 유튜브 인터뷰에서도 2차는 10배 정도 더 어렵다고 말씀드렸지만, 사람마다 체감 난도는 다릅니다.

Q9. 부동산 공인중개사와 행정사를 같이 하면 시너지가 큰가요?

A. 저처럼 오랫동안 공인중개사로 활동해왔고, 주택보다는 사무실이나 상가를 중심으로 중개한다면 시너지가 크게 발생합니다. 앞서 말씀드린 것처럼 고객이 사업가라면, 그 고객에게 필요한 다양한 도움을 드릴 수 있습니다. 주택 분야에서는 요즘 더 뜨거운 직거래와 권리금 계약서를 합법적으로 작성해드릴 수 있으니 좋은 시너지가 됩니다. 이것은 공인중개사의 레벨업 카드입니다.

Q10. 공인중개사 자격증은 따면 바로 돈을 벌 수 있나요?

A. 이 책을 읽는 당신이 블로그로 당신을 홍보하고, 사무실에 계속 앉아 있는 엉덩이가 무거운 사람이 아니라면 충분히 가능합니다. 공인중개사는 현장을 많이 보고 많이 돌아다닐수록 수입이 발생합니다.

Q11. 행정사는 개업 비용이 많이 드나요?

A. 어디에 사업자를 내느냐에 따라 다릅니다. 보증금이나 인테리어 비용을 적게 생각하신다면 행정사는 자택에서도 사업자를 낼 수 있고, 공유오피스에서도 많이 개업합니다. 행정사 사무실은 1층이 아니어도 되기 때문에 부동산 공인중개사 사무소에 비해 소자본으로 개업할 수 있습니다.

Q12. 두 자격증 중에 어떤 자격증이 고객 신뢰가 높아요?

A. 행정사입니다. 많은 건물주분들이 선호하셔서 행정사 자격 취득 이후 관리 건물들이 많이 늘었습니다.

Q13. 공인중개사로 일하다가 행정사로 전환하는 경우가 많나요?

A. 많이 있습니다. 하지만 저처럼 오랫동안 공인중개사를 해왔고, 공인중개사의 수입 비율이 높은 편이라면 한 번에 전환은 어렵습니다. 저 역시 올해 부동산 공인중개사 사무소를 폐업하고 행정사 업무만 해볼까 잠시 생각했는데, 부동산 공인중개사 사무소를 계속 유지하길 잘한 것 같습니다. 처음에는 바로 수익 내기가 어렵습니다.

Q14. 행정사 수입은 어떻게 나와요?

A. 건 단위입니다. 적게는 20~50만 원, 많게는 몇백만 원까지 업무의 종류에 따라 한 건당 수입이 천차만별입니다. 일부 선배 행정사들 중에는 행정기장 업무로 꾸준하고 안정적인 수입을 내는 분들

도 계십니다.

Q15. 모든 영업은 직접 해야 하나요?

A. 대부분의 전문직이 그렇듯 행정사도 직접 영업을 합니다. 가장 쉬운 것은 블로그입니다. 그리고 비자를 전문으로 한다면 틱톡, 페이스북으로 영업을 많이 합니다.

Q16. 공인중개사가 행정사 일을 같이하면 불법 아닌가요?

A. 공인중개사와 행정사는 겸업이 가능합니다. 제가 마포구 최초로 중개법인 대표에서 행정사를 겸직하는 거였는데, 공인중개사법상 법인의 겸업 제한 규정이 다소 모호해 공인중개사협회와 마포구청, 국토교통부에서도 명확한 답변을 받기 어려웠습니다. 하지만 결론적으로 법인 대표는 행정사를 할 수 있습니다.

Q17. 행정사는 평생 가능한 일인가요?

A. 개인의 역량에 따라 다르겠지만, 항상 외부로 미팅을 나가 현장을 돌아야 하는 공인중개사보다 오히려 더 오래 일할 수 있는 자격증은 맞습니다.

Q18. 부동산 공인중개사 사무소에서 행정사 고객을 만날 수도 있나요?

A. 당신의 맡는 고객이 사업가라면 행정사를 찾는 일이 많겠죠. 사무실, 상가 전문이라면 자연스럽게 행정사와의 업무 연계가 가능

합니다. 실제로 공인중개사의 '업그레이드'가 부동산 전문 행정사입니다.

Q19. SNS로 고객 유입이 되나요?

A. 유튜브를 하다가 그만두었는데, 이번에 유튜브를 보고 찾아오신 건물주가 계십니다. 공인중개사가 행정사를 해서 신기한 부분도 있었고, 행정사 자격증을 알아봐주시고 오신 거라 대화가 잘 통했습니다.

Q20. 공인중개사 자격으로 다른 일도 할 수 있나요?

A. 대표 공인중개사라면 경매 대리 신청도 가능합니다. 그리고 그 외 건물 관리를 하며 관리비용을 받는 공인중개사분들도 계십니다.

Q21. 행정사로 개업한 뒤 첫 목표는 무엇인가요?

A. 기존에 거래해왔던 대표님들과의 관계를 바탕으로, 행정사로서 새로운 업무로 연결하는 것입니다.

Q22. 공인중개사와 행정사, 동시에 일하면 바쁘지 않아요?

A. 바쁩니다. 공인중개사 일을 할 때 행정 업무가 들어오면 놓치는 게 많더라고요. 아쉬운 부분입니다. 점차 개선해나가려고 합니다.

Q23. 블로그로 홍보하다가, 포스팅 후 연락이 왔는데 내가 그 업무를 잘 모를 때 선배 행정사들과 협업하며 배우는 경우도 있나요?

A. 네, 실제로 그런 경우가 많습니다. 저도 여러 번 진행했습니다. 행정사 업무를 다 알 수 없고, 의뢰가 들어오면 선배 행정사님들과 공동으로 진행하면서 배우는 게 많습니다. 보통 5:5로 나누고, 고객만 넘겨주는 경우 암묵적인 비용이 있다고 들었습니다.

Q24. 블로그 인맥 말고 판로는 어떻게 될까요?

A. 인스타그램, 유튜브, 비즈니스 모임 등을 통해 세무사, 변호사, 노무사 등 다른 전문직과 협업하면서 수임이 들어옵니다.

Q25. 행정사님이라면 시험을 보고 난 후 무엇을 준비하실 거예요?

A. 블로그 브랜딩, 행정 관련 글쓰기를 준비하겠습니다. 자신이 하고 싶은 분야를 정해 공부하면 좋을 것 같아요.

Q26. 합격할 경우, 무엇을 하는 것이 가장 좋을까요?

A. 합격 여부가 확실하다면 행정사 사무소 이름을 정하고 사무실을 보러 다닐 것 같습니다. 무엇보다 블로그부터 시작하길 권합니다.

Q27. 행정사들과의 인맥이 많이 중요할까요?

A. 발이 넓으면 좋습니다. 행정사 업무는 분야가 다양하니 협업이 많습니다. 출입국, 보상, 인증, 법인 등 각 전문 분야 행정사와 많이 알아두면 수임 기회가 자연스럽게 늘어납니다.

Q28. 토지 보상, 보상금 증액과 같은 전문적인 업무를 배울 기회가 있을까요?

A. 교육은 많이 있습니다. 다만 실무 난도가 높고 교육비용도 높아 저도 도전하다가 포기한 분야입니다. 협회에서 진행하는 교육이 있으면 꼭 들어보세요.

Q29. 보험 분야의 법인 영업과 행정사의 협업에 대해 시너지는 어떻게 보시나요?

A. 해당 분야를 전문으로 하는 행정사법인도 있습니다. 주변에서 여러 의견이 있지만 저는 부정적으로 보지는 않습니다. 기회가 된다면 도전해보고 싶은 분야입니다.

Q30. 행정사로 일을 하게 되면 월 300만 원은 벌 수 있나요?

A. 네, 가능합니다. 다만 고정적인 수입을 가지게 되기까지 여느 전문직과 같이 시간과 노력이 필요합니다. 이번에 12기 동기들과 통화를 하며 느낀 것은 정말 조용하게 돈 버는 분들이 의외로 많다는 사실이에요. 개인 사무소든, 합동 사무소든 꾸준히 블로그 홍보를 하는 분들은 월 300만 원 이상의 안정적인 수입을 가져가고 계십니다.

Q31. 행정사 공부를 시작한 계기는 무엇인가요?

A. 공인중개사로 일하면서 공무원과의 업무 소통 과정에서 여러 갈등을 겪었고, 행정 절차를 더 잘 알아야겠다는 생각이 들었습니

다. 그래서 행정사 공부를 시작했고, 재작년에 억울하게 행정처분을
받으면서 이 악물고 공부했습니다.

Q32. 행정사 업무를 시작한 뒤 가장 어려웠던 의뢰 및 처리 업무는 무엇인가요?

A. 가장 어려웠던 업무는 HACCP 관련 업무였습니다. 공장을 직접 방문해야 하는 지역적 제약과 복잡한 절차, 문서 작업이 제 업무 스타일과 맞지 않아 힘들었습니다. 업무 성향은 개인마다 다르기 때문에, 잘 맞는 분이라면 큰 수익을 낼 수 있는 분야라고 생각합니다.

Q33. 공인중개사와 행정사를 병행하면서 가장 큰 시너지가 나는 분야는 무엇인가요?

A. 사무실 전문 공인중개사다 보니 기업 고객과 자연스럽게 연결되고 그 과정에서 비영리법인 설립, HACCP, 각종 인허가 업무까지 이어지는 경우가 많습니다. 요즘에는 직거래 계약서를 작성해드리며 소소하게 용돈을 벌고 있어요. 집중하고 싶은 분야는 기업 컨설팅입니다.

Q34. 업무를 시작하는 입문 행정사가 꼭 알고 시작했으면 하는 것이 있나요?

A. 행정사 업무는 3,000가지 이상으로 폭넓기 때문에 여러 고가의 교육을 들을 필요는 없습니다. 먼저, 인허가 업무와 비영리법인

정도만 익히시고 나머지는 자연스럽게 일하면서 배우실 수 있어요. 출입국 사무소가 가까운 지역이라면 비자도 하면 좋습니다. 하지만 너무 많은 업무를 욕심내기보다 한두 가지 분야를 파는 것이 장기적으로 훨씬 유리합니다.

Q35. 공인중개사로 최대 수입은 얼마였나요?

A. 정말 한 번은 혼자 번 한 달 수익이 대기업 연봉 수준을 찍어본 적이 있습니다.

Q36. 공인중개사로 가장 힘들었던 적은 언제인가요?

A. 저는 소속 공인중개사로 근무하던 2년간 거의 매일 울면서 일했습니다. 초보 티도 많이 났고, 실수도 잦았으며, 여러 사건도 있었습니다. 누구라고 말씀드릴 수는 없지만, 인근에 계신 건물주님의 갑질이 가장 힘들었습니다. 현장에서 보면 빌딩을 여러 채 보유한 분들 중에서도 이런 경우는 보지 못했습니다. 단 한 채의 작은 단독주택을 소유하신 분이었는데, 정말 힘들었습니다.

Q37. 마지막으로, 두 자격증을 준비하는 사람에게 하고 싶은 말이 있나요?

A. 두 자격증의 시너지는 분명 있으니 다른 사람 말에 휘둘리지 말고 본인 의지로 끝까지 밀고 나가셨으면 좋겠습니다. 공인중개사를 하는 분이라면 본인의 업그레이드를 위해 꼭 준비하세요.

주저하지 말고
지금 도전하라

저는 11년 동안 공인중개사로 살아왔고, 이제는 행정사라는 직업을 함께 겸하고 있습니다. 처음 공인중개사로 일을 시작했을 때의 소명은 단순했습니다. 저처럼 부동산을 잘 몰라 소중한 재산에 피해를 입는 사람이 없었으면 좋겠다는 마음이었습니다. 하지만 시간이 흐르며 생각이 달라졌습니다. 단순히 중개로 끝나는 관계가 아니라, 고객의 사업이 성장하는 과정에 함께 걷는 부동산 파트너, 더 나아가 행정 파트너가 되고 싶어졌습니다. 그리고 행정사는 그 길을 한층 더 넓혀주었습니다.

사람의 소중한 재산인 부동산을 계약하고, 복잡한 행정 절차 속에서 가장 빠르고 올바른 길을 찾아 도와주는 사람. 공인중개사와 행정사, 이 두 자격증은 저의 역할과 가치를 더욱 또렷하게 만들어주었습니다.

이 책에는 초보 공인중개사가 흔히 저지르는 실수들과 행정사의 기초적인 업무들을 담았습니다. 저 역시 처음 부동산 일을 시작했을 때는 아무것도 몰랐고, 수많은 실수를 하며 그 대가로 아파했습니다. 그러나 포기하지 않고 공부했고, 현장에서 몸으로 부딪치며 배웠습니다. 그 시간이 쌓여 지금의 저를 만들었습니다.

이 책을 읽는 당신이 지금 어떤 상황에 있든, 꼭 전하고 싶은 말이 있습니다.

"포기하지 않는다면, 당신도 할 수 있습니다."

저처럼 평범한 사람도 해냈다면, 누구든 가능합니다. 중요한 것은 단 하나입니다. 지금 시작하느냐, 그리고 끝까지 독하게 버티느냐, 입니다. 11년의 시간은 결코 저만의 이야기가 아닙니다. 이 책을 덮는 순간, 이 이야기는 당신의 이야기가 될 수도 있습니다. 그러니 주저하지 말고 지금 도전하세요. 그 길의 끝에는 분명 당신 인생의 새로운 희망이 기다리고 있을 것입니다.

마지막으로, 첫 책 집필을 도와주신 민행24 박준규 행정사님, 단비행정사무소 최희성 행정사님, 올빛행정사사무소 강상우 행정사님, 코너스톤행정사사무소 이병현 행정사님께 깊은 감사의 말씀을 전합니다. 언제나 희망을 잃지 않도록 용기를 주신 링크24 노양호 행정사님, 태랑행정사사무소 주예령 행정사님, 진심으로 사랑하고 감사합니다.

미라클 모닝 스터디로 저를 이끌어주신 다연행정사사무소 이다연 행정사님, 허온행정사사무소 허온 행정사님, 감정평가사이자 행정사이신 고은옥 감정평가사님, 이헌행정사사무소 이승헌 행정사님, 언제나 존경합니다.

그리고 마지막까지 포기하지 않도록 올바른 길로 이끌어주신 최의란 교수님, 정진석 교수님, 이현우 감정평가사·행정사 교수님, 이준희 교수님, 김묘엽 교수님. 늘 마음으로 감사의 절을 올립니다.

모두 진심으로 사랑합니다.

공인중개사 ✕ 행정사
레벨업 100

제1판 1쇄 2026년 3월 31일

지은이 최유경
펴낸이 한성주
펴낸곳 ㈜두드림미디어
책임편집 최윤경
디자인 김진나(nah1052@naver.com)

㈜두드림미디어
등 록 2015년 3월 25일(제2022-000009호)
주 소 서울시 강서구 공항대로 219, 620호, 621호
전 화 02)333-3577
팩 스 02)6455-3477
이메일 dodreamedia@naver.com(원고 투고 및 출판 관련 문의)
카 페 https://cafe.naver.com/dodreamedia

ISBN 979-11-24026-30-4 (03320)

**책 내용에 관한 궁금증은 표지 앞날개에 있는 저자의 이메일이나
저자의 각종 SNS 연락처로 문의해주시길 바랍니다.**

책값은 뒤표지에 있습니다.
파본은 구입하신 서점에서 교환해드립니다.